JINGDEZHEN TAOCI CHANYE CHUANGXIN FAZHAN YANJIU

景德镇国家陶瓷文化传承与创新研究丛书

刘冰峰 闫宁宁 著

景德镇陶瓷产业创新发展研究

华中科技大学出版社
http://www.hustp.com
中国·武汉

内 容 提 要

　　景德镇陶瓷文化是中国文化的优秀代表,其转型的历史与现实思考是当前较为热门的探讨方向。本书从经济与政治、文化、社会和生态角度探讨了景德镇陶瓷产业转型的背景;研究了景德镇陶瓷产业转型的现实价值支撑与市场化方案;指出在创意经济时代,发展景德镇陶瓷产业不能仅仅停留在物质层面,更不能简单地融合个人创意于陶瓷产品。要实现陶瓷文化产业的可持续发展,本质上还是要深入企业文化创新的精神内涵,重点剖析陶瓷文化产品创新特性设计过程中存在的问题,并提出陶瓷文化产品创新特性设计的对策,从而实现非物质文化的传承与创新。

图书在版编目(CIP)数据

景德镇陶瓷产业创新发展研究/刘冰峰,闫宁宁著.—武汉:华中科技大学出版社,2022.6
ISBN 978-7-5680-7866-5

Ⅰ.①景… Ⅱ.①刘… ②闫… Ⅲ.①陶瓷工业-产业发展-研究-景德镇 Ⅳ.①F426.71

中国版本图书馆 CIP 数据核字(2022)第 077536 号

景德镇陶瓷产业创新发展研究　　　　　　　　　　　　　　　刘冰峰　闫宁宁　著
Jingdezhen Taoci Chanye Chuangxin Fazhan Yanjiu

策划编辑:汪　杭
责任编辑:汪　杭　仇雨亭
封面设计:廖亚萍
责任校对:曾　婷
责任监印:周治超

出版发行:华中科技大学出版社(中国·武汉)	电话:(027)81321913
武汉市东湖新技术开发区华工科技园	邮编:430223

录　　排:华中科技大学惠友文印中心
印　　刷:武汉市洪林印务有限公司
开　　本:710mm×1000mm　1/16
印　　张:11.5
字　　数:215 千字
版　　次:2022 年 6 月第 1 版第 1 次印刷
定　　价:69.80 元

本书若有印装质量问题,请向出版社营销中心调换
全国免费服务热线:400-6679-118　竭诚为您服务
版权所有　侵权必究

前言 FOREWORD

2019年,《景德镇国家陶瓷文化传承创新试验区实施方案》(以下简称《实施方案》)获批,《实施方案》明确指出,到2025年,试验区建设要取得阶段性成果,基本形成陶瓷产业创新发展的体系。本书是对这一体系的初步探索,也是2021年度江西省哲学社会科学重点研究基地重点项目"文化资本视角下陶瓷产业在国家陶瓷文化传承创新试验区中的关键引领作用研究(21SKJD06)"的重要成果。本书主要包括五章。

第一章为景德镇陶瓷产业的集聚研究,主要包括如下内容:

分析了景德镇陶瓷产业组织演化的分析框架、景德镇陶瓷产业组织演化的两大动力:创意创新转向价值创新、基于知识共享的组织学习;分析了景德镇陶瓷产业集聚模式构建的目标和依据,探讨了以政府、市场和企业资源集约化为核心的集聚模式,以城市为核心的产业集聚模式和以产业价值链为核心的产业集聚模式;界定了景德镇陶瓷产业集聚的基本内涵,分析了知识协同视角下景德镇陶瓷产业集聚的基本特征以及景德镇陶瓷产业集聚与知识协同的关系;分析了景德镇陶瓷产业技术联盟知识协同的集聚过程、集聚模式,以及景德镇陶瓷产业集群演化的动力及其形成机制,研究了景德镇陶瓷产业集群演化动力形成机制的本质;探讨了景德镇陶瓷产业集聚中的知识协同与产业集聚,提出了加快景德镇陶瓷产业集聚知识协同效率的建议。探讨了景德镇陶瓷产业集聚与国家试验区协同发展的基本内涵、基本路径及三个不同阶段。

第二章为景德镇陶瓷产业创新能力研究,主要包括如下内容:

探讨了景德镇陶瓷产业创新及其能力的基本问题和基本维度,分析了景德镇陶瓷产业创新能力进化的基本原理、含义和特征;研究了景德镇陶瓷产业创新能力进化的影响要素、生态环境、创新主体和发展路径；探讨了景德镇陶瓷产业创新能力的进化过程、特征、进化机制和景德镇陶瓷产业创新能力的自我进化博弈；界定了景德镇陶瓷产业创新能力，分析了景德镇陶瓷产业创新的实现同文化创新能力间的关系、产业升级中的景德镇陶瓷产业创新能力的制约机制、景德镇陶瓷产业创新环境的制约机制；以景德镇陶瓷产业创新能力和产业升级为立足点，选取1994—2013年共20年的景德镇相关文化产业数据，采用时序数据模型实证分析了景德镇陶瓷产业创新能力对产业升级的影响。

第三章为景德镇陶瓷产业创新生态研究，主要包括如下内容：

从生态学理念出发，探究了景德镇陶瓷产业如何创建生态创新系统，分析了景德镇陶瓷产业创新生态系统进化的内涵和核心特征，即共生演化；探讨了景德镇陶瓷产业创新生态系统健康度判断的依据，研究了提高景德镇陶瓷产业创新生态系统健康度的策略；分析了政府机构、企业、行业协会、大学及科研机构、金融机构在陶瓷产业创新生态系统中的治理职能；界定了景德镇陶瓷产业R&D(研究与开发)创新生态环境的基本内涵，分析了不同主体及其之间的利益关系，并探讨了多主体治理结构模型；构建了景德镇陶瓷文化创意生态系统的整体框架和评价体系；提出了一个基于客户需要、供应商前期介入、合作模式和收益分配的概念模型，并用以解释绿色供应链下供应商的参与行为。

第四章为景德镇陶瓷产业价值研究，主要包括如下内容：

探讨了景德镇陶瓷产业价值链的特点，分析了景德镇陶瓷产业价值链定位模式、延伸模式、分解模式和整合模式，分析了景德镇陶瓷产业价值传导的源泉、价值传导特征和影响因素；立足于近年来景德镇陶瓷产业的不断发展，从价值传导的多个方面较为全面地探讨了价值主体变化情况下相应产业模式的创新及其成长过程带来的不同价值；从景德镇陶瓷产业价值网络的逻辑起点和景德镇陶瓷产业价值链到价值网络的演进两个方面探讨了景德镇陶瓷产业价值网络的演进逻辑，并从景德镇陶瓷产业价值网络形成的外部环境和景德镇陶瓷产业价值网络形成的内部驱动因素两个方面分析了景德镇陶瓷产业价值网络形成的动因。

第五章为景德镇陶瓷产业创新发展的路径研究,主要包括如下内容:

从不同角度探讨了影响景德镇陶瓷产业创新发展的三大要素:技术进步、分工深化、产业结构升级,以期为行业发展服务;探讨了景德镇陶瓷产业的基本特征,对景德镇陶瓷产业创新发展的形成机理进行了分析,研究了景德镇陶瓷产业创新发展产生的效应;提出应完善政府在景德镇陶瓷产业中的职能,加强景德镇陶瓷产业体系创新等发展策略;探讨了景德镇陶瓷产业新常态的形成和发展,对其特征进行了分析,研究了景德镇陶瓷文化服务业创新发展产生的效应。

研究生万健婧为本书做了大量工作,参与了资料收集与整理。

刘冰峰　闫宁宁
2021.10

目录 CONTENTS

引论　1

第一章　景德镇陶瓷产业的集聚研究　13
第一节　景德镇陶瓷产业组织演化的动力机制研究　13
第二节　景德镇陶瓷产业集聚模式的探索与构建　18
第三节　知识协同视角下景德镇陶瓷产业集聚的发展　23
第四节　景德镇陶瓷产业技术联盟知识协同的集聚效应研究　26
第五节　景德镇陶瓷产业集聚演化动力形成机制研究　31
第六节　景德镇陶瓷产业集聚知识协同效率提升策略研究　35
第七节　景德镇陶瓷产业集聚与国家试验区协同发展研究　39
第八节　景德镇陶瓷产业协同集聚与国家试验区发展的关系研究　43
第九节　景德镇陶瓷产业协同集聚与国家试验区协调发展的探讨　46

第二章　景德镇陶瓷产业创新能力研究　51
第一节　景德镇陶瓷产业创新能力的基本维度研究　51
第二节　景德镇陶瓷产业创新能力的进化机理研究　54
第三节　景德镇陶瓷产业创新能力的进化路径研究　59
第四节　进化生物学视角下的景德镇陶瓷产业创新能力演化研究　63
第五节　景德镇陶瓷产业创新能力对产业升级的影响机制研究　75
第六节　文化产业创新能力对产业升级的影响效应
　　　　——以景德镇陶瓷产业为例　79

第三章　景德镇陶瓷产业创新生态研究　87
第一节　景德镇陶瓷产业创新生态系统的进化研究　87

第二节　景德镇陶瓷产业创新生态系统健康度研究　91
第三节　景德镇陶瓷产业创新生态系统的治理机制研究　95
第四节　景德镇陶瓷产业R&D创新生态环境的生物成分及其关系研究　100
第五节　景德镇陶瓷产业生态系统评价研究　107
第六节　绿色供应链下供应商参与的模型构建:来自陶瓷企业实证研究　115

第四章　景德镇陶瓷产业价值研究　124

第一节　景德镇陶瓷产业价值链研究　124
第二节　景德镇陶瓷产业价值传导的内涵与特征研究　128
第三节　景德镇陶瓷产业价值传导机制研究　131
第四节　景德镇陶瓷产业价值传导模式研究　135
第五节　景德镇陶瓷产业价值网络的演进逻辑与形成动因研究　139

第五章　景德镇陶瓷产业创新发展的路径研究　146

第一节　景德镇陶瓷产业创新发展要素分析　146
第二节　景德镇陶瓷产业创新发展的机理分析　150
第三节　景德镇陶瓷产业创新发展策略分析　155
第四节　技术创新促进景德镇陶瓷产业发展策略研究　159

参考文献　164

引　　论

一、论景德镇陶瓷产业转型的历史与现实

纵观中国文化的历史发展历程,我们看到许多不同观念、不同创造性思维及认知的交锋与融合、创新与发展。这是中国文化发展的真实过程,只是在不同的历史时期会涌现出一些代表人物,他们的思想成为那个时代的文化象征或者文化里程碑,成为民族的记忆和骄傲,在民族发展历史长河中永存。景德镇陶瓷产业就是中国文化产业的杰出代表。随着世界经济、社会格局以及中国文化、社会、经济、艺术、政治等发生巨大变化,景德镇陶瓷产业也在不断向前发展与转型。景德镇陶瓷产业的发展与转型赋予这一文化内核以新的生命。景德镇陶瓷产业通过发展与转型不断催化景德镇陶瓷艺术发展历程的变化,寻找并建立新的价值导向体系。这既是时代赋予景德镇陶瓷产业的责任,也是景德镇陶瓷产业产品市场前行的动力所在。景德镇陶瓷产业的历史发展与现实转型促使价值判断由逐利转向对经济、学术与文化价值的三重考量,对理性价值理念的形成、精神消费与文化批评的觉醒,以及景德镇陶瓷产业的创意发展等产生了重要作用。

1. 景德镇陶瓷产业转型的背景分析

(1) 经济与政治背景分析。

20世纪90年代以来,世界政治、经济、社会的形态发生了巨大变化,世界全球化进程不断前行。全球化在打破地域疆界限制的同时,也触发了社会价值与社会认知的矛盾与重构。因此,全球化时代下的世界格局变迁首先表现在文化价值重整。当西方的价值观开始渗透中国文化的各个方面,中华民族必须认识到文化认同的重要性,努力重构与强化对自我文化的认同。而作为中华文化产业典型代表的景德镇陶瓷产业的发展与转型就是中国对文化自我认同的最好形式。

(2) 文化背景。

从世界文化领域发展来看,世界思想文化出现交错发展、不断融合的新趋势。各种文化的价值观念、意识形态纷纷登场,形形色色的社会思潮、精神力量相互交织与激荡,这对于促进不同民族思想文化间的交流、借鉴和学习,促进先进文化价值观念的传播都具有重要作用。20世纪80年代以后,景德镇陶瓷产业经历了文

化精神的重建、培育与弘扬三个不同的历史发展阶段,摆脱了边缘化的发展而成为主流文化产业。特别在今天,发展景德镇陶瓷产业已经成为发展文化创意产业的重要战略之一。原因是:一方面,景德镇陶瓷产业能帮助人们奠定品位与修养,形成新的生活价值观念,起到教化与熏陶的作用;另一方面,景德镇陶瓷产业历经千年发展,具有深厚的文化底蕴和积淀,具备创意创新的活力与自我超越的勇气。同时,景德镇陶瓷产业已经发展和转型成为经济实体,例如景德镇陶瓷产业中创意产业的飞速发展在带动传统产业升级、提升区域经济实力方面起到了至关重要的作用。

(3) 社会背景。

20世纪90年代以后,市场经济开始在各个方面冲击社会生活。物质享受成为人们生活中重要的组成部分,改变了传统观念中社会价值体系的构成,道德观念变得模糊和松动。一些传统文化的价值取向开始漂移和转换,权威意识形态下的社会变为非意识形态下的社会。同时,西方诸多价值学说和思想观念侵入传统文化体系,对我国诸多文化意识、观念产生了深远影响。新社会文化力量的悄然生长和传统文化陈旧规则的有序退场交织进行。文化与经济、文化与社会、文化与生活的关系正在发生深刻变化。传统景德镇陶瓷产业随之转型,陶瓷文化已经从单纯器物文化走向多元化格局,成为新型文化创意的代表之一。

(4) 生态背景。

生态学的原理就是适者生存,物竞天择。因此,促进文化发展的良性循环就是文化体系成长的必然要求。景德镇陶瓷产业的生态组成要素都是一些生态单元或者分支生态环境,要使这些生态组成要素保持动态均衡和稳定发展,就要对产业的生态环境进行有效培育和维护。景德镇陶瓷产业的发展经历了宋代和2005—2006年两次高峰期。宋代对景德镇陶瓷的重视奠定了景德镇陶瓷产业的历史生态基础;2005—2006年景德镇陶瓷产业随着艺术品市场的发展出现了大好的发展态势。但是,由于市场化导向过强,文化的审美特点被动摇,商业化、炒作性、功利性趋势较为明显,景德镇陶瓷产业出现了一些不利于其长期发展的生态现象,如投机、物欲膨胀等。陶瓷艺术品市场的价格与价值的扭曲影响了景德镇陶瓷产业的生态结构,破坏了景德镇陶瓷产业的生态平衡。基于这一现状,景德镇陶瓷产业的转型实际上就是调整和重构的过程,景德镇陶瓷产业要通过转型来构建能使优秀文化良性循环的生态环境。

2. 景德镇陶瓷产业转型的现实价值支撑

在当前,大众文化消费增加,景德镇陶瓷产业的转型不仅使产业从非本原性的抽象世界回归到本原性的生活世界,还在催化着景德镇陶瓷产业发展历程的转变。在这一转变中,寻找并发现其支撑点是时代赋予景德镇陶瓷产业的历史责任,更是景德镇陶瓷产业产品市场的现实选择。此处列举四个主要支撑点。

(1) 在传承中构建新的文化价值体系。

对于景德镇陶瓷产业而言,其文化传承实质上就是对传统景德镇陶瓷产业中优秀的文化精神与人文关怀的哲学传承。没有传统景德镇陶瓷文化的传承,就没有现代景德镇陶瓷产业的生存土壤。它是景德镇陶瓷产业能够成为中华民族优秀文化产业代表的法宝之一,也是景德镇的精神所在。当代陶瓷艺术工作者的责任之一就是传承传统文化,并在传承的基础上不断创意创新。因此,坚持不懈地守望传统景德镇陶瓷产业,守护文化精神家园是文化价值体系重构的必然要求,而在传统景德镇陶瓷产业中守望与继承的陶瓷艺术工作者正是引领景德镇陶瓷产业产品市场的领头人。

(2) 在陶瓷艺术的笔墨与造型、写生的结合中探索新的文化价值体系。

笔墨技艺能够赋予写生和造型以主观情感,表达出陶瓷艺术品创作者的个人领悟。而写生是笔墨技艺之一,是对描绘对象灵魂的把握,讲究形神兼备。造型则与笔墨不同,除了要关注笔墨之外,还要关注器物的特点,要将器物的特征与文化内核充分地以独特的形式展现出来。因此,好的写生能够提高造型水平,帮助造型在"似与不似"之间寻找平衡。这三者之间的奇妙结合能够提高景德镇陶瓷产业艺术品的精神境界。

(3) 在学院派的探索中发现新的文化价值体系。

学院派的文化艺术探索是当前中国艺术探索的主要派别,其主体是相关高校教师。这些教师长期从事景德镇陶瓷艺术相关工作,重视题材、技巧和艺术语言的规范性,本身较为特立独行,具有自由度高、创新性强的个人特点,排斥媚俗化的文化倾向,讲究理性与客观认知,对传统基本功的训练较为重视。因此,景德镇陶瓷产业转型的新文化价值体系能够在学院派的探索中找到支撑点。

(4) 在反对照搬描摹、反对媚俗中重构新的文化价值体系。

景德镇陶瓷产业是传统文化产业的典型代表,自宋代以来,其文化艺术的发展一直秉承古人的技巧,许多景德镇陶瓷产业的艺术创作者至今还在这条道路上默默探索。但是,一味照搬描摹容易使文化脱离时代,忽略文化的创意创新和个性化表现。这也是景德镇陶瓷产业的艺术形式变得较为呆板、景德镇陶瓷产业发展一度停滞的原因。另外,受到市场导向和西方价值观的影响,景德镇陶瓷产业价值观被商业化的意识侵扰,炒作、媚俗化现象较为严重,传统景德镇陶瓷产业的理性与美学失去了深刻性。一些文化工作者过于追求技巧、形式和视觉效果,对于内容上的创新缺乏理智的价值判断。因此,反对照搬描摹和媚俗化是当前创建景德镇陶瓷产业新的价值体系的必然选择。

3. 景德镇陶瓷产业转型中的市场化思考

景德镇陶瓷产业转型的过程也是传统景德镇陶瓷产业向现代景德镇陶瓷产

业转换的过程。这一过程带来了理念、生态、价值观的诸多变化,使景德镇陶瓷产业历经千年向着更高层次良性发展。这一转型对与其关系最为密切的市场影响最深。在景德镇陶瓷产业产品市场进入调整期的今天,关注景德镇陶瓷产业的理性回归,促进景德镇陶瓷产业的合理转型是当前最为现实的思考方向。以下是回归的四个思路。

(1)景德镇陶瓷产业价值判断的转变。

不管是艺术品还是其他文化产品,许多投资机构、收藏家、消费者对其的价值判断都发生了变化。一方面,市场价格不再是唯一判断标准,作品、艺术品或者其他文化产品的学术、经济、社会、艺术价值才是关键,能经历时间和市场考验的产品才是真具有价值的。另一方面,成交量多的产品不一定就价格高,要保证质量才能提高价格,而不是数量越多越好,例如在艺术品、作品价值判断方面,景德镇陶瓷产业产品的个性特点就较为重要。

(2)景德镇陶瓷产业价值投资的演化。

当前,景德镇陶瓷产业产品的投资者已经从原来从众、盲目的心态中转变过来,更加看重品牌与创意创新价值,用更多的精力去分析景德镇陶瓷产业产品的质量。景德镇陶瓷产业的价值投资者逐步趋向于投资品牌价值高、市场口碑好的产品,重视发掘优质、能长期成长、潜力巨大的投资对象,通过长期持有、反复投资、股权激励等方式分享景德镇陶瓷产业市场的价值。

(3)景德镇陶瓷产业市场的消费转型。

景德镇陶瓷产业转型带来了景德镇陶瓷产业艺术审美情操与观念的根本性变化。陶瓷艺术审美这一昔日的阳春白雪已经逐步渗透人们生活的方方面面,成为当代社会审美风尚中一个较为突出的文化景观。随着人们消费水平的逐步提高,人们生活方式发生了巨大变化,逐渐从追求数量转向追求质量,从单纯温饱型转向享受型,因此对景德镇陶瓷产业产品的消费需求进行了重新界定。人们更加关注精神消费,更加注重心理上的享受。景德镇陶瓷产业产品需要突破传统器物文化的束缚,融合人们对美与生活的需求,为人们带来精神层面的消费转型。

(4)景德镇陶瓷产业市场的创意创新。

创意创新是景德镇陶瓷产业市场发展的关键所在,只有创新才是景德镇陶瓷产业在市场中生存的法宝。陶瓷这一艺术形式本质上就要求人们不断追求完美,追求创意创新。如果景德镇陶瓷产业能在创新探索的过程中,不断培育生态环境、精心呵护市场、鼓励艺术工作者发挥创造力,景德镇陶瓷行业将焕发新的生机。当前景德镇陶瓷产业市场中缺乏的就是创意创新产品和多元化的观念与思路,趋同性较强,价格难以区分,产品缺乏层次性。因此,不断推进创意创新将是这个时代给予景德镇陶瓷产业市场的最大收获。

今天,我们站在景德镇陶瓷产业转型的历史与现实的交叉点上,通过全面观察景德镇陶瓷产业发展的脉络与风貌,为这一优秀文化产业探索一条继续前行的道路。

二、创意经济时代下陶瓷文化产品创新特性研究

"特性"一词在《现代汉语词典(第7版)》中有这样的解释:某人或某事物所特有的性质。从现代产品设计的角度来看,"产品特性"有这样的解释:产品特性是指产品所具有的效用和被接受的特别性能,产品只有具备某种特定的性能才有可能进行生产和销售。产品分为有形产品和无形产品两类,产品特性也分为有形产品特性和无形产品特性。有形的产品特性指本产品应具有的除同类产品最基本的功能外的其他特性,如性能、外观、材质、配件和资质等方面的特点。而无形的产品特性,更多地体现在给人的感知和氛围上。陶瓷文化产品是具有陶瓷和文化双重特性的结合型承载物。由此,便决定了陶瓷文化产品具有有形和无形双重的产品特性,并且不同企业生产的产品在产品特性上各具特色。所以我们认为,景德镇陶瓷文化产业市场属于垄断竞争市场。2012年11月,国家文化部(现更名为文化和旅游部)办公厅发出通知,专门作出支持景德镇市文化改革发展的决定,从景德镇大遗址保护、陶瓷文化创意新区建设、文化发展科研立项、文化科技创新和公共文化服务体系建设等8个方面提出了明确的支持意见。为此,我们立足景德镇市发展特色,以发展新型文化业态为目标,以提升文化产业规模化、集约化、产业化水平为衡量标准,以满足市场需求、保护和传承历史传统文化为出发点,基于兰卡斯特的产品特性"光谱"模型来研究景德镇陶瓷文化产业在产品特性设计方面存在的主要问题,并且从消费者和生产者角度出发,提出未来陶瓷文化产品设计的相应对策,最终实现陶瓷文化产业中的自然、人与社会的可持续发展。

1. 创意经济时代下陶瓷文化产品创新的整体现状

(1) 产品特性专利拥有量。

景德镇市统计局公布的2019年统计数据显示,景德镇陶瓷产品种类已经有33个大类、2300多个系列、1900多个器型以及8100多个花面。2020年,景德镇市全年专利申请3363件,其中发明专利568件,实用新型1427件;申请国外专利3件;授予专利权2765件,其中发明专利授权219件,授权中陶瓷创意类就约占50%。但是陶瓷行业的专利多数是"外观专利",这就极大地降低了模仿的门槛。对于陶瓷行业中的同行们来说,外观上的模仿实属易事。如果是器型,只需要照葫芦画瓢即可,而如果涉及花色,在配方中做些改变往往也能得到不错的效果。因此总的说来,这部分专利的技术门槛并不高。

(2) 科研人才及科研设计基地现状。

景德镇市拥有75位国家级陶瓷大师、100多位省级陶瓷大师、1000多位高级工艺美术师、8万多名覆盖陶瓷手工生产所有环节的熟练工人,形成了庞大的陶瓷文化创意队伍,具有丰富的陶瓷科教资源和人才优势,是一个活的艺术宝库。同时,景德镇市还以御窑遗址为核心,以里弄文化为特色,建设国家级非物质文化遗产保护研究基地;全力建设雕塑瓷厂国际陶艺村、为民瓷厂、宇宙瓷厂陶艺创意谷、艺术瓷厂粉彩工场和建国瓷厂;打造国际化、标志性的陶瓷展示中心,集中展示景德镇的官窑文化、民窑文化和近现代具有代表性、先进性的陶瓷文化;重点打造"景德镇国际陶瓷艺术创意中心"。

(3) 陶瓷文化产业的从业与产值情况。

目前,全球已有27个国家和地区的陶艺家在我国景德镇市创建陶艺工作室近百个,国内艺术家在景德镇建立陶艺工作室逾千个。景德镇生产的陶瓷以日用陶瓷为主,陶瓷工业总产值呈不断上升趋势。2018年总产值达到403.62亿元,同比上涨8.5%;2019年总产值为423亿元,同比上涨4.8%。2021中国景德镇国际陶瓷博览会举办的景德镇国家陶瓷文化传承创新试验区产业招商推介会取得丰硕成果,18个项目成功签约,总投资额达270亿元。

总之,景德镇陶瓷文化产品的质地有"白如玉、薄如纸、明如镜、声如磬"之美誉,"集天下名窑之大成,汇各地技艺之精华""工匠四方来,器成天下走",由此确定了景德镇陶瓷文化产业发展的先天优势和技艺基础。另外,景德镇瓷业的分工合作在南宋时期就已经形成,如《陶记》所言:"陶工、匣工、土工之有其局;利坯、车坯、釉坯之有其法;印花、画花、雕花之有其技,秩然规则,各不相紊。"因此,陶瓷文化产业的发展不仅仅传承着景德镇瓷业的"千年炉火",更传承着景德镇瓷业千年陶瓷文化和技艺的精髓。

2. 创意经济时代下陶瓷文化产品创新特性的设计问题分析

我们结合景德镇陶瓷文化产业的发展现状,基于兰卡斯特的产品特性"光谱"模型来剖析陶瓷文化产品特性设计的问题所在。从景德镇陶瓷文化产业的消费者市场需求和生产者利益追求两个方面来分析陶瓷文化产品特性设计的根源性问题。

(1) 基于兰卡斯特的陶瓷文化产品创新特性"光谱"法分析。

兰卡斯特认为,每个产品品种都有一组不同于其他品种的特性,这种特性构成了产品的水平差异性。消费者对不同的特性有不同的偏好,这就是霍特林-兰卡斯特-赫尔普曼(Hotelling-Lancaster-Helpman)偏好假设。消费者虽然偏好一个产品各品种的某些特性,但是他无法购买某一产品的多个品种并将他们"混合"起来得到一个新的品种,以满足自己的偏好。这就产生了我们在使用兰卡斯特模型分析陶瓷文化产品过程中最重要的一个假设条件:当消费者在喜欢一个陶瓷文化产品品种的某些特性和另一个陶瓷文化产品品种的另一些特性时,不可能同时购买两个品种,而只会消费其中他认为更有价值的特性。因此,虽然兰卡斯特模型在实际中属于国际产业内贸易模型,但是因为使用原理相通,本书将其用于分析陶瓷文化产品创新特性。在使用兰卡斯特"光谱"法分析陶瓷文化产品创新特性时有以下模型假设:

①差异产品只有两个特性方面的区别;
②消费者都有特性偏好;
③每个消费者只有一个偏好的品种,即消费者最愿意花钱购买的品种;
④不同消费者对产品不同品种的偏好是不同的;
⑤在供给方面,陶瓷文化创意厂商可以自由进出该市场,并能生产不同于市场其他产品特性的品种,且生产任一品种的成本都相同;
⑥市场上只有两家具有核心竞争力的陶瓷文化创意企业,并且这两家企业除了产品特性外的其他方面都是一样的。

(2) 基于产品特性设计种类的陶瓷文化产品创新特性设计问题分析。

根据分析原理中的前提假设,选择景德镇市的两个陶瓷文化产品特性 A(湿敏)和 B(光敏)。使用"光谱"法(spectrum approach)来表达可得品种的范围,把不同品种看作散在一条直线上的点。如图 0-1 中所示,线段 ab 代表了可得品种的范围。在线段的 a 端,品种只具有特性 A;随着我们逐步向右移动,特性 B 出现,并且它与 A 的比例逐步增大。这样到了线段最右面的 b 端,则说明产品只具有了 B 特性。

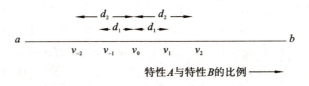

图 0-1 特性比例图

假设在图 0-1 中的陶瓷文化产品品种 v_0 是某一消费者的理想品种,他对该品种的需求取决于他的收入和该产品的价格。如果他的收入是固定的,他的需求就可以用图 0-2 的需求曲线 $D(v_0)$ 来表示。在同一个特性的品种内,消费者当然还会选择不同价格的其他品种,但是在价格和收入水平都给定的情况下,离消费者的理想品种越远的其他品种,消费者购买的数量越少。所以在图 0-2 中会有低于需求曲线 $D(v_0)$ 的 $D(d_1)$ 和 $D(d_2)$ 需求曲线。图 0-1 中理想品种为 v_0 的消费者对于 v_1 和 v_{-1} 这两个品种中的任何一种需求曲线都是图 0-2 中的 $D(d_1)$。离 v_0 越远的品种,需求曲线 D 的位置越低。

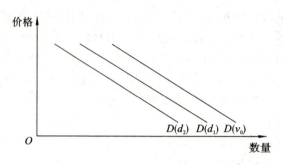

图 0-2　需求曲线

由此,我们会发现要实现消费者效用、产业效益和资源生态效益的最大化,陶瓷文化企业在设计产品特性时应该尽可能地满足市场需求,尤其是应满足传统文化和现实使用等方面的市场需求,而不是盲目地增加产品特性种类,肆意按照创作者个人主观想象进行天马行空的产品特性创新设计。

(3) 基于产品特性规模报酬效应的陶瓷文化产品创新特性设计问题分析。

根据模型假定,在陶瓷文化企业内,任何具有某一特性的品种生产,平均成本曲线在一定范围内是下降的,即在一定范围内存在着规模报酬递增。这样,生产的品种数目就不可能是非常多的,有些消费者就买不到他们最理想的品种特性。因此,我们说在市场上存在的陶瓷文化产品的数目和特性是一定的。在文化价值传承和创新开发不足的基础上,当前市场上的生产企业就会在规模经济的作用下,以产出的增加来降低平均成本,从而获得超额利润。由此,我们便可以发现景德镇陶瓷文化企业数量多而质量不高。在行业追逐规模报酬时,众多企业都加入了陶瓷文化企业的行列,加点创意、换个造型、添点原料、赋予点文化就开始批量生产,以至于同时出现了市场价格下跌、均衡数量增加和企业产品竞争力不高等现象。如图 0-3 所示,假定在只有一家陶瓷企业时,企业面临的需求曲线是 D_0,其长期均衡点是 E_1,生产的数量为 Q_0,企业获得经济效益 $R_0 \approx P_0 Q_0$。当新的陶瓷文化企业竞相生产同类产品的时候,市场价格降低到 P_1,均衡点变为 E_2,这时市场企业获得经济效益总额 $R_1 \approx P_1 Q_1$。

据此,我们会发现即使通过某些产品的规模生产实现了整个市场经济效益总额的增加,但是在企业基数成倍增加而经济效益没有成倍增加的时候,陶瓷文化产业将不可避免地陷入衰退的境地。当自然资源、人力资源、生态资源不再具有优势,文化传承和使用价值不符合当前市场需求的时候,陶瓷文化产业长期发展均衡的效益总额将跌至边际成本 MC 以下,结局可想而知。

3. 创意经济时代下陶瓷文化产品创新特性的设计对策分析

那么,景德镇陶瓷文化产业应如何在产业内合理地布局产品?产品特性应如

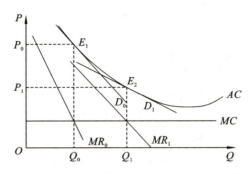

图 0-3　陶瓷文化创意产业规模效应企业均衡

何设计？资源要素应如何流动？从以上景德镇陶瓷文化产业的发展现状而进行的兰卡斯特产品特性及企业发展趋势分析中，我们发现，产品特性的发展是解决景德镇陶瓷文化产业发展问题的关键。由此，可以根据陶瓷文化产业消费者剩余和兰卡斯特模型原理对其产品特性的设计问题提出相应对策。

（1）从消费者角度出发进行产品创新特性设计。

从消费者角度看，陶瓷文化产品的设计要依据消费者的产品使用用途、受教育经历、文化背景、经济发展背景和社会需求来进行，从而使生产企业能利用有限的资源生产出最大量的畅销产品，以实现规模效益和市场满足。图 0-4 是陶瓷文化产业市场需求中因人均收入水平和所选择的产品特性的不同而形成的不同均衡。当消费者收入为 Y_A 时，其所偏好的产品特性是 C，当收入水平处于 Y_B 时，其所偏好的产品特性是 D。我们暂且假定产品特性 D 比 C 要好，这样便可以得出一个结论：不同收入水平的消费者在选择产品特性时都有其最理想的产品，并且特性的好坏、高低、优劣等程度与人均收入水平是成正比的。

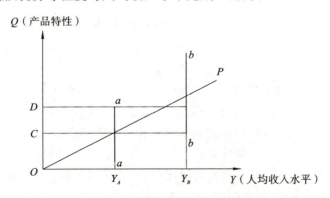

图 0-4　需求与产品特性关系图

由上述分析可知，从消费者角度出发进行产品特性的设计、生产以及推动产业内要素合理流动的布局时,要尽可能满足不同消费群体、不同市场的需求。所以在发展陶瓷文化产业的时候,我们不能仅仅盯住文化和创意,而要更多关注市场需求,这样才能实现文化传承与经济可持续发展。

(2) 从生产者角度出发进行产品创新特性设计。

陶瓷文化企业从自身的角度出发进行产品设计时,更多地考虑的是利润和生产的可持续性。如图 0-5 所示,通过设计差异产品的陶瓷文化产业市场活动,双方消费者都得到了较大满足,由此得到消费者剩余的增加,企业福利水平得到提高。在图 0-5 中,假设陶瓷文化企业 A 偏好生产 V、T 特性的消费者产品,通过产品特性的设计可以实现企业在产品特性品种增加前后获取的消费者剩余由 FTP 和 VFT 增加到 $KGPF$ 和 $ZKFV$;同理,陶瓷文化企业 B 偏好生产 Z、V 特性的消费者产品,通过陶瓷文化产品特性设计,使其获得的消费者剩余从之前的 ZPF 和 ZFV 增加到之后的 $FPHL$ 和 $VFLT$。因此,在增加陶瓷文化产品特性种类设计后,企业总体福利水平都增加了,企业 A 和企业 B 的总体福利水平净增加量分别为 ZGP 和 PHT。

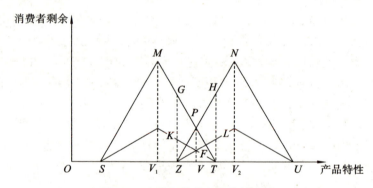

图 0-5　生产者角度产品特性设计

由上述分析可知,只有生产者尽可能关注陶瓷文化产品特性的研究和创新,结合企业文化背景、生产成本、经营状况、发展环境和目标等需要从生产者角度出发考虑的因素,才能实现陶瓷文化产业内,生产者获取消费者剩余最大化的同时也实现消费者效用最大化。正如当前景德镇市陶瓷文化产业发展现状中,具有现代文化气息的陶瓷文化创意产品层出不穷,从而实现了景德镇陶瓷文化产业的飞速发展。但是,从生产者的角度来看,根本上还是要在获得消费者剩余、增加产品特性的同时,设计更多的符合企业发展优势、符合区域经济发展特色、符合陶瓷文化产业,以及景德镇市"绿色崛起"这一发展路径的战略发展目标。

(3) 从文化传承角度出发中进行产品创新特性设计。

陶瓷产品特性的创新设计要从非本原性的抽象世界回归或超越到本原性的

生活世界。在这一过程中,寻找并发现产品创新特性设计的支撑点是时代赋予陶瓷文化传承的历史责任,更是陶瓷文化产品市场的现实选择。

首先,产品创新特性要在传承中构建新的文化价值体系。对于景德镇陶瓷文化产品而言,其文化传承实质上就是对传统景德镇陶瓷文化中优秀的文化精神与人文关怀的哲学传承。没有传统陶瓷文化的继承,就没有现代陶瓷文化产品的市场土壤。对传统文化的传承是当代陶瓷企业的责任,同时企业也要在传承的基础上不断创意创新。因此,坚持不懈地守望传统陶瓷文化,守护文化精神家园是产品特性创新设计的必然要求。但要反对在产品创新特性设计中照搬描摹。陶瓷文化是传统文化的典型代表,自宋代以来,其文化艺术的发展一直秉承古人的技巧,讲究传承;许多景德镇陶瓷文化产品设计者至今还在这条道路上默默探索。但是,一味照搬描摹容易脱离文化现状,忽略文化的创意创新和个性化表现,使得陶瓷文化产品的艺术形式变得较为呆板。由于受到市场经济和西方价值观的影响,陶瓷文化价值观还被商业化的意识侵扰,炒作、媚俗现象较为严重,传统景德镇陶瓷文化产品的理性与美学失去了深刻性。一些陶瓷企业过于追求技巧、形式和视觉,对于内容上的创新缺乏价值判断。因此,反对这些照搬描摹和媚俗倾向是当前进行产品创新特性设计的必然选择。

其次,景德镇陶瓷文化产品创新特性的设计过程也是传统陶瓷文化向现代陶瓷文化转换的过程。这一过程带来了理念、生态、价值观的诸多变化,使景德镇陶瓷文化历经千年而向着更高层次良性发展。其中,与这一转型关系最为密切的现实市场是受其影响最深的。在景德镇陶瓷文化产品市场进入调整的今天,关注陶瓷文化的理性回归,促进陶瓷文化产品的合理转型是当前最为现实的思考方向。一方面,景德镇陶瓷文化产品的价值判断出现了转变。不管是艺术品还是其他文化产品,许多投资机构、收藏家、消费者对其价值判断都发生了变化。一方面,市场价格不再是唯一判断标准,文化产品的学术、经济、社会、艺术价值才是关键,能经历时间和市场考验的产品才是真正具有价值的。成交量多的产品不一定就价格高,只有保证质量才能提高价格,而不是数量越多越好,例如在艺术品价值判断方面,景德镇陶瓷文化产品的个性特点就较为重要。另一方面,陶瓷文化市场出现了消费转型。景德镇陶瓷文化产品的艺术审美情操与观念出现了根本性变化。陶瓷艺术审美这一昔日的阳春白雪已经逐步渗透人们生活的方方面面,成为当代社会审美风尚中一个较为突出的文化景观。随着人们消费水平的逐步提高,人们生活方式发生了巨大变化,逐渐从追求数量转向追求质量,因此对景德镇陶瓷文化产品的消费需求进行了重新界定。人们更加关注精神消费,更加注重心理上的享受。景德镇陶瓷文化产品需要突破传统器物文化的束缚,融合人们对美与生活的需求,为人们带来精神层面的享受。

创意经济时代下陶瓷文化创意产品特性的设计要以消费者的文化教育背景、历史经历背景、经济发展与生态环境背景为依据,设计适合不同消费者的文化产品,尽可能地兼具传统文化价值和现代化文化价值,帮助消费者合理消费。景德镇陶瓷文化产品这一艺术形式本质上就要求人们不断追求完美,追求创意创新。在创新探索的过程中,通过不断培育生态环境,精心呵护市场,鼓励发挥艺术工作者创造力,景德镇陶瓷行业将焕发新的生机。

总之,我们在发展陶瓷文化产业时,不仅要关注企业的创新、科研、市场适应等能力的提高,也要注重精神文化价值在企业间的普及和深入;要使景德镇陶瓷文化产业再次快速发展,走上以文化为主题的陶瓷、旅游经济发展的"文艺复兴城市"之路,就必须要从市场需求的角度出发,结合文化传统的历史和现实价值,以科技创新为动力,实现陶瓷文化产品特性对促进产业发展、满足消费者需求、保护自然生态的最大化效益,从而推动景德镇陶瓷文化品牌的综合提升、景德镇陶瓷文化产业的特色发展。

第一章　景德镇陶瓷产业的集聚研究

第一节　景德镇陶瓷产业组织演化的动力机制研究

景德镇陶瓷产业已经成为当前最有潜力创造财富和就业机会的产业,它是一种依靠文化艺术推动发展的产业,是源于创意、技巧、技艺、技能、才能的创意产业,其核心竞争力是创新和个人创造力。2006 年是中国的创意经济和创意产业元年,《国家"十一五"时期文化发展规划纲要》首次明确提出"创意产业",2009 年国家出台了《文化产业振兴规划》,2010 年《国民经济和社会发展第十二个五年规划纲要》将文化列入国家发展战略,充分显示了国家对文化产业的重视。而景德镇陶瓷产业与其他文化产业的形式、特点有着先天的不同。因此,突破原有产业组织理论研究框架,从景德镇陶瓷产业本身的特征出发,以动态、演进的经济学视角,结合现代产业组织理论的发展趋势,对景德镇陶瓷产业组织演化进行分析的理论意义不言而喻。

一、景德镇陶瓷产业组织变迁的演化分析框架

本书从演化经济学和生态经济学的研究角度,利用生物组织演化的相关概念,构建一个景德镇陶瓷产业变迁与演化的分析框架。在此框架中,产业组织演化的关键因素是产业组织的多样性和选择机制。自组织理论研究表明,多样性来源于创新,制度与市场则是产业组织演化的选择环境。多样性的连续产生和被挑选的过程推动了产业组织结构的有序演进。在动态的不确定环境中,制度环境一定程度上简化了支配行为。在选择机制下,创意经济行为者可以通过学习机制来提高各种能力,通过这些学习来扩展自己的生存和发展空间。创意经济行为者之间的竞争与协同,构建了景德镇陶瓷产业组织。因此,景德镇陶瓷产业组织的演化是创意创新、创意学习、市场行为和制度安排耦合作用的结果。

本书中景德镇陶瓷产业组织的演化分析框架包括三个基本概念,即演化多样性、演化的选择环境和演化的传播机制。景德镇陶瓷产业组织演化的多样性来源

是景德镇陶瓷产业内企业的自组织行为;演化的选择环境是相关的市场和制度;演化的传播机制则是产业内不同创意企业的成长、部门产生、教育与培训等。景德镇陶瓷产业组织的演化与其他产业的演化有着明显的不同,如景德镇陶瓷产业内的企业具有自我学习能力强的企业特点,而且学习能力可以被复制;市场和制度机制受到企业创意战略的影响较大。

二、景德镇陶瓷产业组织演化的动力机制之一:创意创新转向价值创新

景德镇陶瓷产业组织的演化与文化经济、文化结构相关性较高。一般演化分析认为,创新是经济发展的内在推动力量。如果不是依靠持续不断的创新,产业演化过程是不可能在产业选择过程中具备多样化的选择空间的,产业发展就必然会中断。因此,产业组织演化机制的分析必然就要涉及创新过程分析。而创新效率的高低同样对景德镇陶瓷产业投资行为、研究与开发策略以及产业生态系统的协同演化具有十分重要的影响。创新是一个系统性过程,它的复杂程度远远超过了一般的事物发展进程,这就要求支持创新过程的社会基础结构(组织系统、文化系统、制度系统)等与其一同向前发展。如图1-1所示,在景德镇陶瓷产业组织演化中,创新与演化是一种动态反馈关系,是协同演化、共生共荣的关系。另外,景德镇陶瓷产业中创新的概念在此处主要是指文化创意创新,包括文化创意模式、扩散效应、演化特性和文化创意演化模型等,而从文化创意创新转向价值创新就是创意产业组织演化的动力之一。

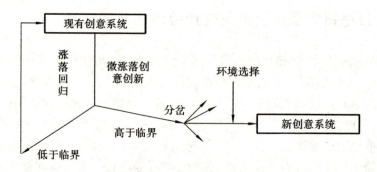

图1-1 创意创新演化扩散过程

1. 文化创意创新与文化创意模式

文化创意企业通过积极的组织学习机制能够获得新的创意知识,从而推动产业产生创意创新成果。而创意创新同时意味着对新创意的商业化应用,因此能推动创意系统向前发展。经济学理论表明,创新能够产生企业所追求的垄断利润,

因此创意企业会在自身创意能力的基础上根据自己的创意战略,选择特定的创意发展方向进行学习,而创意行业的创新受到创意范式的限定,必然遵循一定的、相对有序的路径或者轨道发展,从而使得创意系统的发展具有某种模式。而不同的创意创新所带来的影响及其收益是不同的,因此,有必要研究创意范式与创意轨道对景德镇陶瓷产业组织演化的影响。

2. 文化创意范式与创意轨道

组织学习能够带来技能和经验的累积,使得组织中的显性和隐性知识得以不断增加,并且随着创意创新,推动产品创新。但新的文化创意产品大多沿着之前成功的相邻区域出现,存在较多的复制和模仿创新。由于学习过程的启发、探索、路径依赖的特征,文化创意创新推动的创意发展不是随机出现的,而是呈现出一定的规律性。文化创意不仅仅是利用公共知识进行的创造性活动,也可以是基于隐性知识以累积的形式开展的活动。文化创意发展程度受到文化创意水平的制约,景德镇陶瓷产业突破现有创意水平的可能性与其自身的文化创意水平高度相关。

创意范式与创意轨道的关系在于,创意范式是创意选择的一种程式、程序或者模式,它决定了进一步产生、发挥创意的机会以及如何利用这些机会的基本程式,而创意范式解决创意问题的常规活动轨迹称为创意轨道。

景德镇陶瓷产业组织在创新中必须回答的一个关键问题是,其经济价值是如何通过创意创新来实现的。经济学基本理论认为,价值的产生与变化是通过租金的重新分配来实现的。而文化创意创新的作用在于创造了原来不存在的价值,通过为参与各方提供新的选择机制,就使得市场出现了新的交易和资源配置特征,从而为创意产业演化提供了不同于传统产业演化的动力。在文化创意经济蓬勃发展、经济环境发生巨变的情况下,文化创意创新正在转向价值创新。

3. 价值创新战略

(1) 创造新的市场需求以实现新的价值。

价值创新者的市场竞争战略必须是依靠创造新的市场需求、扩大市场规模来获取竞争优势,而不是常见的低成本竞争。因此,对于创意的价值创新来说,创新的意义在于通过将有效的创意转化到产业价值链中来创造新的价值,而不在于创新的具体形式。文化创意企业追求价值创新的本质在于通过新的创意去避开低层次的竞争,占领蓝海市场。实际上著名的文化创意企业无不是利用自身的知识储备,采用整合创意产品开发流程、加强跨功能性的创意联合开发、激发创意核心员工的创造性等手段,通过创新性的企业文化引导,不断满足创意市场的个性化需求,维持创意创新的可持续发展的。这些企业正是通过连接创意创新与创意产业价值链,通过消费者价值评判,推动创意创新企业关注市场需求的导向变化、关注创造新的市场、关注核心知识资源的有效运用。

(2) 推动开放型的创新思维以实现新的价值。

创意产业与传统产业的最大不同还在于景德镇陶瓷产业的包容性、开放性的特点非常鲜明。因此,价值创新的特点还体现在从封闭型的文化创意开发与设计走向开放型的文化创意开发与设计。创意创新决定了文化创意企业必须向外部思想与知识开放,包容它们,甚至与之融合。传统封闭型创新是基于企业之间的界限发展的,企业通过专利保护来分享创新价值和占有市场。但是,如今风险投资盛行,资源流动加剧,产学合作日益紧密,传统的创新形式已经不适合创新型企业,尤其是文化创意企业。无论是基础性的创意产生还是最终的创意产品生产、营销,都需要打破企业界限,通过文化创意企业内部创意知识与外部创意知识融合、交叉,推动企业内外创意创新成果的分享,并充分享受这些成果的潜在价值。这种开放包容式的创新使文化创意企业能够在市场上保持竞争优势和创造独特的价值。

不论是创造新的创意市场需求还是发展开放包容式的创意创新来实现创新成果的价值,关键还在于文化创意企业保持在产业价值链中的独特竞争地位,并通过这一独特地位获取相应价值。因此,创意创新转向价值创新的关键在于拓展核心创意产品的应用和挖掘范围。这种拓展一方面提高了产品收入和品牌价值,延伸了价值链;另一方面,充分的挖掘可以突破现有价值链体系,制定行业标准,完成价值突破,实现创意创新、价值创新与价值链的协同互动演进。

三、景德镇陶瓷产业组织演化的动力机制之二:基于知识共享的组织学习

景德镇陶瓷产业中的企业行为具有明显的主观目的性和能动性,并能通过不断的学习行为来改变其惯例并适应和改变环境。企业能够通过对个人知识的整合来创造组织知识,并通过学习形成组织知识库。而从个人层面来说,学习是个人认知结构和图式改变的复杂过程。企业学习和产业学习都属于共同学习,能够帮助企业调整生产和经营战略,通过创新或模仿来扩展自己的生存空间,它是个人学习的合力,这种合力就成了企业或产业的认知结构。在产业组织演化过程中,信息不对称、环境变化较大、新情况不断出现、新问题难以处理等都使组织学习成为必然。在文化创意经济系统的发展过程中,产业组织个体就必须围绕其自身知识储备、竞争能力和环境要素进行学习。这一学习过程是增强创意产业环境适应性和降低风险的必然选择。不确定性越大,创意企业学习的必要性和紧迫性就越强。当然,学习是复杂的,有多种动机、过程、结构、方式、层次的概念。从景

德镇陶瓷产业组织演化来看,文化创意企业组织学习来自:创意个体的有界理性;创意创新行为;创意创新行为与环境的交互特性;市场选择机制等。在景德镇陶瓷产业演化分析框架中,动态过程的学习必然包含一个微观演化机制。学习的结果在不同时间和空间下是不完全相同的,而且创意产业组织的学习过程具有更为明显的"路径依赖",其创意选择受创意轨道的限制。也就是说,创意企业的学习是建立在其隐性知识的基础上的,其学习的选择空间会受到隐性知识量的限制。如图1-2所示,景德镇陶瓷产业组织演化中的学习过程是一种基于创意知识流动的网络学习过程。

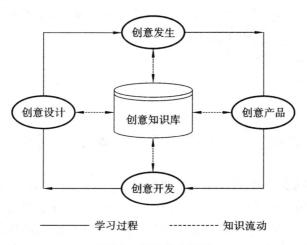

图 1-2　组织学习过程

文化创意经济更多的是一种体验型、创造型、学习型经济,未来的文化创意企业不仅要在组织内部学习,向客户学习,还要在景德镇陶瓷产业组织网络中学习。我们可以将景德镇陶瓷产业组织网络这一中间性组织看成学习的主体,这一网络中的企业及其中的个体都具有相应的学习能力,而且个体之间存在一系列的知识共享机制,创意人才、客户、供应商等供应链上各种成员协同互动、合作学习。这种微观层面的学习具有明显的正外部性,最终表现为宏观层面上的创意产业网络知识积累。因此,景德镇陶瓷产业组织网络学习的内涵是文化创意网络内产业组织间基于共享的社会文化氛围和制度环境,在解决共同面对的问题时协调行动产生知识的积累,其结果表现为网络整体知识基础的拓展和竞争能力的提升。

从知识流动及其分布情况来看,由于景德镇陶瓷产业组织网络中的学习主体都富有创新精神,因此,知识流动及其分布较为均匀,其知识主体大都是知识创造者和知识外溢提供者,彼此在群体学习中都是较为对称的主体。

景德镇陶瓷产业同其他传统产业一样,在内生式的演化中,必然要受到外部环境的影响,制度和市场就是景德镇陶瓷产业组织演化的选择机制,创意经济行为者的行为及其结果受到这一选择机制的影响。制度、文化和习俗限制了创意经济行为者的行为,制度还能够帮助人们做出决策。因此,景德镇陶瓷产业的运作必然要以现行制度为前提,景德镇陶瓷产业组织的演化就是在制度约束、选择与创意经济行为者行为结果的相互作用中产生的。

第二节　景德镇陶瓷产业集聚模式的探索与构建

景德镇陶瓷产业集聚的现象最早是从西方发达国家开始出现的,张望(2011)将国内外景德镇陶瓷产业的形成划分为市场需求演化和政府推动两种类型。但景德镇陶瓷产业能否可持续发展,集聚能否有效延续和形成规模的关键不是其形成方式,而是其核心要素的演化;因此应当更多地从核心要素的角度来探讨景德镇陶瓷产业集聚模式。这里主要从三个方面展开阐述。

一、景德镇陶瓷产业集聚模式构建的目标和依据

1. 景德镇陶瓷产业集聚模式构建的目标

景德镇陶瓷产业集聚模式没有一个统一的标准,也不是静止不变的事物,产业集聚模式本身没有所谓的好坏之分,符合区域或者行业发展的产业集聚模式就是良好的模式,就是能够推动产业发展的模式。景德镇陶瓷产业本身还处于形成阶段,许多规律还没有完全被掌握,人们对这一产业发展的了解还不够深入,产业结构的优化还不尽如人意,政府部门制定的与景德镇陶瓷产业相关的政策还在完善中,社会资本对于景德镇陶瓷产业的进入还不够全面,文化资源还没有得到充分利用,产业价值链的价值创造和传导机制还不够健全。

景德镇陶瓷产业集聚模式的选择与重构需要结合该产业的历史和演化趋势,通过优劣势分析来确定。具体来说,就是要充分利用景德镇陶瓷产业的行业特点,调动与其相关的文化产业资源,转移能对产业造成危害的威胁或者规避产业缺陷,依托国家对于景德镇陶瓷产业的扶持政策,积极推动消费结构调整,通过制度创新、科技创新和创意创新来重构创意产品的市场,培养出创意产品的主流消费人群。同时,要通过产业集聚模式的构建,形成布局合理、流向清晰的产业价值链,加深文化背景的挖掘,扩大景德镇陶瓷产业的市场影响;通过产业集聚有意识地培育出一批核心企业,并对其加以政策引导和扶持,改变社会观念,重塑景德镇陶瓷产业中品牌的形象和价值。

2. 景德镇陶瓷产业集聚模式构建的依据

其一,动态开放构建产业集聚模式。产业集聚模式没有优劣之分,关键在于模式是否适合该行业在该区域的发展需要。景德镇陶瓷产业集聚能否完成的关键点在于能否通过选择适合产业发展的集聚模式,使文化资源配置得以优化,推动景德镇陶瓷产业竞争力的提升。景德镇陶瓷产业集聚模式的构建要综合分析景德镇陶瓷产业的产业链分布、资源分配、与城市的互动、金融资本、科学技术等要素,景德镇陶瓷产业集聚模式可以选择不同平台角度下不同类型的模式(比如以资源集约化为平台、以城市为平台、以产业价值链为平台等多种模式),加强科学技术创新,激励创意新产品的设计,培育创意新品牌,推动景德镇陶瓷产业的跨越式发展。同时,这些产业集聚模式的各种组成要素还是在不断发展变化当中的,这在一定情况下会影响产业发展的环境和条件。因此,构建合适的产业集聚模式对于该产业的可持续发展来说至关重要;当然,模式形成本身也是一个动态选优、不断进化演变的过程。

其二,战略性构建产业集聚模式。景德镇陶瓷产业是国家当前重点支持的产业,其产业集聚模式的构建应当有阶段地推动、合理布局。当前许多城市积极开工建设景德镇陶瓷产业园区,为景德镇陶瓷产业集聚提供了良好的发展平台。但是若园区战略规划雷同,也容易造成一哄而上的混乱局面。社会各界应真正站在景德镇陶瓷产业集聚和发展的角度来思考园区的发展,避免资源浪费、文化创意个性不足、低层次竞争等情况发生。国家及地方相关部门应当积极引导,为景德镇陶瓷产业的有效集聚制定合理的战略规划,明确景德镇陶瓷产业集聚的目标、原则、重点、路线、技术方法等,指导产业集聚科学发展。

其三,依托政府支持构建产业集聚模式。景德镇陶瓷产业是未来新兴经济发展方向之一,政府部门的政策支持是其成长的必然要素,特别是知识产权的保护、行业准入标准的制定等更需要稳定、持续的政策来支持。一方面,政府部门在探索景德镇陶瓷产业集聚模式的同时要加快创意产品知识产权保护措施的制定和执行,为景德镇陶瓷产业提供公开、公平、公正的市场氛围。保护知识产权的有力措施可以鼓励创意企业不断开发新产品,维护创意市场正常秩序,促进企业有序竞争;而创意产品知识产权制度和体系建设可以加大对盗版、剽窃等不正当行为的打击力度。另一方面,我国景德镇陶瓷产业发展还刚刚起步,较为弱小,要与国际创意企业共同竞争就必须制定相关行业标准,加快标准化工作的步伐,推进行业标准国际化体系的建设,以规范创意产品生产、流通等行为,推动创意创新,使创意企业通过自主创新达到较高的技术水平,积极参与国际景德镇陶瓷产业竞争。

二、以政府、市场、企业资源集约化为核心的景德镇陶瓷产业集聚模式

1. 政府资源集约化

一方面,景德镇陶瓷产业集聚模式要树立以人为本的发展理念。景德镇陶瓷产业的核心要素是人力资本,这一产业与其他新兴产业的不同之处在于其对于创意创新人才的依赖性较强。因此,产业集聚的第一要务就是加强对复合型、高素质、专业人才的培养、引进和合理使用,营造出景德镇陶瓷产业人才舒适的工作环境,留住人才,提高人才产出。当然,政府部门还要作为责任主体,推动制度环境建设,完善景德镇陶瓷产业配套设施,净化景德镇陶瓷产业发展的生态环境。另一方面,景德镇陶瓷产业集聚模式中除了人力资本、结构资本和制度资本的投入,社会资本、文化资本的参与也是必不可少的。这可以增强社会群体的信任度,增强社会群体对文化的认可与追求,引导社会大众都来关注景德镇陶瓷产业的发展,从而更好地激发景德镇陶瓷产业的价值创造和价值传导,增加创意产品的附加价值。

2. 市场资源集约化

景德镇陶瓷产业集聚的灵魂是创意创新意识,由于景德镇陶瓷产业生产的产品都是面向消费者的,因此创意产品的生产、特性、功能等都必须满足消费者的需求和爱好,消费者应该是创意创新思维的源头所在。要建立成功的创意产业集聚模式就要走向市场、了解顾客的爱好、习惯。随着生活水平的提高,人们对精神文化产品的要求越来越高,在消费过程中也越来越重视精神层面的体验,因此创意企业在设计创意产品时应该从提高人们的生活趣味出发,满足顾客对产品的精神寄托需求。顾客的需求在不断发生变化、市场上的信息也在不断更新,景德镇陶瓷产业要想获得长足的发展就必须立足于市场、高瞻远瞩、准确预见市场发展的未来并提出建设性的发展战略和发展目标。

3. 创意企业资源集约化

景德镇陶瓷产业集聚最为关键的主体还是创意企业。政府在完成政府资源和市场资源集约化之后,要重点发现和孵化创意骨干企业和龙头企业,扩大景德镇陶瓷产业集聚效用,延伸产业价值链,增强产业竞争优势。创意企业不能只关注生产、流通环节,还要了解创意市场需求变化,将创意成果转化为生产力,将创意资源转化为创意产品。政府要提高产业集聚程度,集中力量发展龙头企业,依

靠龙头企业发挥引领作用,推动文化资源的商品化和产业化,走可持续发展的道路。

政府、市场、创意企业三者形成了资源集约化产业集聚模式,政府为市场和创意企业搭建桥梁和提供环境,市场通过创意产品价格变化来为企业提示需求,创意企业则提升自身创意创新能力。三者协调互动,不断发挥资源集约化模式的优势,推动景德镇陶瓷产业的发展。

三、以城市为核心的景德镇陶瓷产业集聚模式

景德镇陶瓷产业集聚模式的形成和发展离不开创意经济的支持和推动,而创意经济的三大构成要素则包括科技、人力资源和开放性。科技和人力资源是创意经济发展的关键所在,但是其城市的开放性和包容性却是创意经济得以发展的前提条件。

1. 以深厚的城市品牌构建人才引进平台

由于人力资源是创意经济发展的关键,所以建立景德镇陶瓷产业集聚模式的首要任务就是大力引进优质人力资源、完善人力资源引进机制,实行"吸引人才"和"引进人才"相结合的政策方针。在吸引人才方面,城市的文化价值观、规划建设、文明程度等都是主要的影响因素,其中最关键的是一个城市的社会影响力和知名度,也就是城市的品牌效应。具有较高声誉的城市往往是人才的聚集地,因为它可以提供更优质的生活、学习环境和开放的文化价值观,在潜移默化中提高个人的文化修养和知识底蕴。许多城市都具有较深厚的文化底蕴,要充分利用城市的品牌价值,利用城市巨大的影响力产生优质人力资源的集聚效应。

2. 以开放的城市文化激发创意动力

多样性的思维方式是产生创新性火花的源头,只有优质的人力资源才能具有不竭的创意动力,经过知识交流和共享才能不断产生创新性的思维。因此构建景德镇陶瓷产业集聚模式的相关城市在实施"引进人才"政策时还要注意引进优质人力资源的多样化,可以按照人力资源的文化背景、专业知识等进行多类别同数量的引进,促使景德镇陶瓷产业集聚向着多样化、创新化的方向不断发展。

3. 以雄厚的城市经济实力奠定创意经济基础

优质人力资源的集聚是景德镇陶瓷产业集聚模式的人力资源储备,而经济发展规模则是景德镇陶瓷产业集聚的重要动力。景德镇陶瓷产业集聚模式的构建包含创意生产、流通的方方面面,涉及金融、文化、科技等多个行业,而这些行业的

发展都离不开实体经济的支持。没有实体经济的蓬勃发展,任何行业、任何模式都难以为继。因此构建以城市为核心的景德镇陶瓷产业集聚模式的首要前提就是大力发展城市经济。

四、以产业价值链为核心的景德镇陶瓷产业集聚模式

景德镇陶瓷产业集聚模式的顺利发展不仅要依赖优质的人力资源、先进的科学技术和开放性的创新思维,还需要遵循正确的发展轨迹和模式。以价值产业链为核心的景德镇陶瓷产业集聚模式中企业与企业之间的联合不仅可以提高企业核心竞争力还可以增强其抵御风险的能力,有助于其在激烈的竞争中立于不败之地。

1. 创意核心企业的培养——价值链主体

以产业价值链为核心的景德镇陶瓷产业集聚模式首先要建立一个主链条,这是整个产业价值链的中心。整个产业价值链要靠这条主链条的运转来带动其他构成要素的运转。而构成景德镇陶瓷产业集聚模式主链条的是其创意核心企业,这样的主链条不仅能够发挥景德镇陶瓷产业的特色,产生品牌效应,还有助于带动相关产业迅速发展壮大。

2. 其他产业群的跟进——价值链支持系统

景德镇陶瓷产业集聚模式的产业主链条形成后就要开始构建和主链条相关的其他产业群体。只有主链条与其他所有分链条紧密结合、互相补充、互相支持才能发展出更加完善的景德镇陶瓷产业集聚模式。要以创意产品的生产经营为产业主链条,而生产经营分为创新思维、产品生产、产品销售三个部分。创新思维是景德镇陶瓷产业集聚模式的灵魂、产品生产是景德镇陶瓷产业集聚模式的支持系统、产品销售则是景德镇陶瓷产业集聚过程中创建品牌的关键。

3. 利益共生——协调机制

景德镇陶瓷产业集聚模式主链条与其他支链条能否协调运行关系到景德镇陶瓷产业集聚模式能否顺利构建。因为链条中各种类型、各种级别、各种规格的创意企业在合作与协调方面会比景德镇陶瓷产业集聚之外的企业更具有优势,可以大大降低沟通交流和协作的成本,最终获得最大的运营利润,形成良性循环,为景德镇陶瓷产业集聚模式的建设提供物质基础。

第三节　知识协同视角下景德镇陶瓷产业集聚的发展

一、景德镇陶瓷产业集聚的基本内涵

在国际化竞争中具有显著优势的产业均存在一个特征,即产业集聚。产业集聚指的是在某个特定地理区域集中了大量某领域专业供给企业、关联企业、关联机构及服务供给者,其中的关联机构指的是研究院、高校、中介机构及行业团体等。各企业在该区域中形成一种合作与竞争的状态。产业集聚的核心在各个企业间的相互联系与生产率方面,各企业以一个具有建设性、共性及可行性的议事日程为核心努力,结合政府、企业所有制度及供应商形成一个统一的整体。产业集聚是一种最新的空间产业组织模式,是在企业与市场间形成的准科层或者准市场,取得的竞争优势来自下列几方面:

一是外部经济效应。产业集聚中具有大量企业,每个企业的员工数量与规模都较小,各企业在集聚区域中以最佳的方式相互分工合作,可迅速提升生产率。将制造的产品向本区域以外的国际市场或者国内市场出口,产业集聚中的所有企业就都能分享外部规模经济。

二是节省一定空间交易成本。获取合作商家成本、运输成本、信息成本、合同谈判成本及执行合同成本等均属于空间交易成本。产业集聚中的企业在地理位置上距离较近,与其他企业相比可以更好地创建信赖关系与信誉机制,降低机会主义行为。

三是创新和学习效应。产业集聚可以作为一个理想的区域来培育与提高企业学习能力。各企业间位置较近,行业竞争带来的压力、客户提出的高要求及不愿落后于其他企业的思想,促使各企业从技术入手进行创新,并加强管理能力。产业集聚的出现对企业家的培养产生一定刺激作用。

四是广告和品牌效应。产业集聚所形成的影响力范围较单个企业进一步扩张,品牌形象在消费者心中地位更高,这使得消费者具有强烈的购买欲望。与此同时该形象还会对其他具有互补性的产品产销产生影响,从而提升该产业集聚的优势。

总之,基于产业集聚所形成的外部规模经济,产业集聚在行业中可以长期存在。多个企业也是受到产业集聚自身具有的外部规模经济特性的吸引才逐渐形

成集聚。多个企业形成聚集的另一目的是利用该方式最大限度地节省成本。多个企业间可转移知识,实现地理位置的聚集与企业间的双向沟通。隐性知识互补性的提升使企业迫切地需要空间上的相近,产业聚集性为共享隐性知识创造有利条件。产业集聚作为一种制度性方式,可以有效地避免市场失灵现象,是多个相互独立且具有关联性的企业间按照专业化合作与分工创建的产业组织形式,是处于企业与市场间的准科层或者准市场的形式,与市场相比稳定性更强,与科层相比组织灵活性更高。

因此,景德镇陶瓷产业向着文化产业集聚方向发展,将具备以下四个方面优势:一是可通过总体实力的提升来抵御陶瓷技术创新风险;二是可实现内部与外部陶瓷资源的有效整合;三是便于进一步优化陶瓷产品结构与市场配置;四是可更好地与陶瓷市场需求及竞争环境的改变相适应。景德镇陶瓷产业集聚中的各企业以一种密切的方式在空间上形成聚集,采取相互协作的方式提高自身优势与整体在市场上的竞争力。按景德镇陶瓷产业自身"创意"属性的强弱,可将文化产业集聚划分为多种类型,分别为外围文化产业集聚、核心文化产业集聚及支撑机构。以下主要对支撑机构进行说明。

景德镇陶瓷产业集聚的支撑机构包括所有外部配套机构,该机构的存在是为了让产业集聚实现可持续发展,主要指的是科研机构、产业教育、资本市场、物流体系等。支撑机构使景德镇陶瓷产业集聚发展更有保障。

景德镇陶瓷产业集聚组合了风险网络、产品合作及创意伙伴,让各种文化产业区域具备特殊竞争优势并产生网络关系。地方化集群培训与深入学习过程来自媒体集群的创新活动,产业集聚中不同企业通过知识协同的方式提升学习能力,从而增强在行业中的竞争力。分析文化产业集聚并非只是简单地观察其内部关系,还要分析该产业集聚与外部市场间的联系。通常,组成一个产业集聚的主要企业间以一种均匀的方式分配知识。但有一部分集聚企业需要获取外部企业资源,这使得集聚中的知识存量得到扩展。文化产业集聚拥有特殊的竞争优势,在提高行业竞争力方面表现出一定价值。

二、知识协同视角下景德镇陶瓷产业集聚的基本特征

随着全球经济一体化步伐的加快,更多企业将研究基地与工厂搬到世界各个地方,该做法可以实现全球范围内资源的优化配置,这里的资源指的是技术资源、人才资源及材料资源。为了有效地管理处于分散状态下的企业,必须让团队、个体在不同企业之间共享知识,同时企业员工之间也要实现资源共享,这种共享方式可以实现工作与知识的合理分配,让知识的有效利用率显著提升。行业中各企

业应达成一种共识,认为共享实践经验可以促进知识的有效管理,而该实践经验可源于企业外部与企业自身,外部实践经验可从上游供应商、企业员工、下游经销商、竞争企业、客户、研究机构等处获取,也可以利用战略合作、市场交易及契约协议等获取。通过将最佳实践经验或者知识转移可从根本上将企业价值提升。

景德镇陶瓷产业集聚中的各种企业在内部进行知识协同可以让企业自身效益提升,然而在推广过程中存在诸多阻碍:

一是如何合理编码与划分知识类型。企业知识涉及的内容广泛且复杂,假如分类过细,会给以后分类新知识增加很多工作量;假如分类模糊,则会增加学习与检索知识的难度。

二是企业要采取何种措施鼓励企业间与员工间分享知识。知识管理的核心在于创建知识协同的企业文化,知识与有形资产存在差别,其价值会根据认可和利用的次数而提升。但是受到个体学习能力、模糊特性等影响,知识的分享与转移难度增加。

三是采用何种方式创造知识,并可加快个体知识向集体知识的转换。知识转移与知识创造间联系紧密。实际上知识转移与创造两者间存在依赖关系,假如新创造的知识无法与其他组织共享,则该知识的价值无法充分发挥。另外,在知识自身价值可吸引其他企业或者个人的情况下,才会出现知识转移现象。

假如显性知识发展成为社会公共知识,则会在较大范围内用较小的成本进行传播。一旦隐性知识转换为显性知识则会形成财富。创新主要源于隐性知识,创新过程的本质是对存在的问题进行解决的过程。如何转换企业与个人的隐性知识为显性知识,是企业知识创新的核心。知识创新通过知识外在化、社会化、内在化及融合化形成知识螺旋模型,该转换模型以周期性的方式螺旋向上,上升期间企业会转换隐性知识为显性知识,而显性知识会进一步内在化;个人知识会转换为企业知识,同时个人可以学习企业创造的新知识。由此不断转换与作用,从而实现知识更新,加强企业的竞争能力。各企业在知识协同过程中相互博弈,受到信息不完全或者不对称的影响,对方可能对知识过度保护,无法依据协议将对方知识协同,使得各企业间无法实现全面的知识协同,无法展示所有可共享知识;未完全开放数据库,仅对显性知识显示而对隐性知识过度保留;存在虚假传递或者传递错误信息等现象。

知识协同的组成部分主要有利用知识获取策略、投入的搜索费用、转移成本。子单位网络、团队中的网络及企业之间的网络共同构成企业社会网络,团队中的网络是人的社会关系网络,企业间网络包括一级企业间网络与子单位间网络,专家发现以上网络均会推动知识协同。知识协同并非产业集聚中员工与管理层间的知识协同,指的是集聚中企业间与企业内形成的知识协同。知识协同是不断学习与沟通的完整过程。作为转换显性知识与隐性知识的过程,知识协同可以对企业或者个人问题进行改正,让合作企业之间的竞争性提升,加快集聚的迅速发展。

三、景德镇陶瓷产业集聚与知识协同的关系

知识系统具有集聚效应,陶瓷文化企业管理人员可以有效控制知识传播与知识协同过程。作为创意产业的景德镇陶瓷文化产业,其中的知识协同具有推动产业集聚发展的作用。集聚中利益主体间构成相互竞争、相互关联及相互合作关系,且所有主体均具有企业发展的优势资源,通过结合其他主体资源能形成集聚总体在行业中的竞争力。最初企业在市场竞争中以一种独立的形态参与,该企业依靠自身竞争力的同时,还要充分运用在集聚中的竞争优势。通过文化产业集聚构造一个便于陶瓷企业学习与知识协同的环境,产业集聚中各企业依靠知识管理实现持续发展。产业集聚中的所有企业均与集聚中其他企业相互沟通,从而取得该产业的重要信息。在竞争企业数量增加时,获取的数据量也增加。陶瓷产业集聚中的相关机构与企业中保存本行业中的专业信息与技术资源,便于本集聚中的企业接触该资源,同时无需花费较多成本。企业因地理位置的相近、经常接触及供给等方式形成合作关系,受到多种渠道连接的地缘关系等因素作用,集聚中不同企业之间的数据流通加快,市场环境的改变推动企业制定有效措施。

景德镇陶瓷产业属于文化产业领域,产品的同质性强,彼此间的关系以竞争为主。维系竞争合作关系时,只利用政府优惠政策、行业协会自律管理等还是无法达到目标,还要陶瓷企业制定有效的决策和措施执行知识协同战略,才能提升集聚企业间的知识协同效率,推动集聚知识创新速度,使得集聚中的创新持续发展。集聚知识溢出效应是产业集聚知识管理的关键效应之一,集聚知识溢出用于表示集聚中的知识,特别是隐性知识,在陶瓷行业各组织间或者区域中的传播、扩散、获取及转移。通过双向流通与聚集场所的集中化可达到知识转移的目的,空间上的相近可以促进隐性知识的互补,陶瓷文化产业集聚为共享隐性知识提供重要支撑。知识溢出并非知识资源向外溢出,该溢出可提升生产能力与技术水平,让陶瓷文化产业在市场上的竞争力提升,也是经济外在性的体现。

第四节 景德镇陶瓷产业技术联盟知识协同的集聚效应研究

景德镇陶瓷产业技术联盟是指由陶瓷科研机构或其他机构、企业、大学联合

组建的集开发、调研于一体的景德镇陶瓷产业技术创新合作组织,合作的目的是提升景德镇陶瓷产业技术创新能力。景德镇陶瓷产业技术联盟知识协同的集聚效应指的是联盟成员设定了统一的目标后把自身领域的知识资源全部提供出来,然后联盟成员一起沟通交流,对各种知识资源进行筛选和融合,使分散的知识系统化、结构化,从而创造出最大化的知识价值。

目前有关景德镇陶瓷产业技术联盟的研究课题主要是以联盟的组建、联盟的类型以及政府支持等作为研究内容。而知识集聚是创新的基础,对景德镇陶瓷产业技术联盟筛选的各种知识资源进行整合,实现知识资源的合理配置,可以进一步促进景德镇陶瓷产业技术联盟及其成员的技术创新能力与创新效率的提高,提升自身的竞争力。

关于知识集聚的内涵和外延,国内外众多研究人员以不同视角与研究对象为基础,对企业间联合开发产品、跨国企业、产业链、产业集群等展开全面而深入的探讨。但涉及联盟知识集聚的研究还停留于表面,高巍等主要从核心能力视角对供应链联盟知识集聚结构与特点进行了分析。国内外研究人员关于知识集聚的研究为进一步探究景德镇陶瓷产业技术联盟的知识集聚提供了强有力的理论依据。景德镇陶瓷产业技术联盟知识资源分散于各个联盟成员之间,造成知识资源无法得到有效利用,不利于联盟技术创新能力与核心竞争力的提升。对景德镇陶瓷产业技术联盟知识集聚展开研究可以从细微处把握技术创新过程,从而更好地管理和发展景德镇陶瓷产业技术联盟。

一、景德镇陶瓷产业技术联盟知识协同的集聚过程分析

景德镇陶瓷产业技术联盟知识协同的集聚通常指的是联盟成员间知识集聚,包括两方面的内容:一是各联盟成员的相关人员制定项目目标,对各联盟成员筛选的知识进行优化整合;二是联盟成员之间相互吸收优势知识,进一步优化内部知识结构,提高自身创新能力。虽然景德镇陶瓷产业技术联盟制定有明确的技术创新目标,但是并没有相关的知识体系来实施既定目标,所以联盟内各联盟成员要围绕既定目标不断优化各种知识资源配置,为实现目标做努力。本研究在已有研究成果的基础上,形成了景德镇陶瓷产业技术联盟知识集聚过程体系,也就是相关技术人员围绕既定目标筛选景德镇陶瓷产业技术联盟成员各种优势知识资源,同时把筛选到的知识提供给联盟特定项目团队或组织以实现资源共享,从而目标成员可以根据自己的需要对共享的资源进行吸收,最终实现知识的再利用。

1. 技术创新目标

景德镇陶瓷产业技术联盟是为一定技术创新目标而形成的契约型合作组织,

联盟内各成员为了实现技术创新目标对各种知识资源不断进行优化和整合。目标导向作用促使联盟成员不断努力实现科研资源的优化配置,其导向作用具体表现在两个方面:一是引导联盟成员对各种知识资源进行筛选和转移,并对各种知识进行科学整合,形成系统性的联盟知识体系;二是联盟成员在目标带动下一起攻克科研项目难关,进行资源共享,在共享中完成知识的再创造。

2. 知识挖掘

知识挖掘是指相关人员从特定目标出发,对景德镇陶瓷产业技术联盟之间的各种知识资源进行筛选,提取出有用的、简明的知识。景德镇陶瓷产业技术联盟中各联盟成员之间共同合作,实现资源共享,使各种知识得到充分利用。随着联盟成员合作与交流的不断深入,他们之间的信任度和默契度越来越高,更乐于彼此间分享自身特有的技术、工艺与知识,进而在交流中相互促进。另外,景德镇陶瓷产业技术联盟内汇集的各个领域知识,如大学、科研机构的科技成果等非常丰富,联盟成员可以利用这些优势资源与专业知识,进一步与其达成合作协议,不断发挥大学与科研机构知识资源的潜在价值。

随着联盟发展目标的不断变化,会有新成员不断地加入联盟,联盟因新成员的加入会吸收更多技术与知识资源。景德镇陶瓷产业技术联盟外部知识也是一个重要的知识资源,收集外部知识不仅可以进一步优化自身知识,弥补联盟知识的不足,还有利于联盟成员抓住市场需求与了解技术发展方向。

3. 知识转移

知识转移指相关人员根据既定目标对知识进行筛选并引入特定项目团队或组织,各联盟成员可以从自身需求出发利用所需知识。景德镇陶瓷产业技术联盟内各知识分布并不均衡,即各成员之间在知识存量、知识结构和知识价值上的保有和区别都不是平均的。其中差别的表现形式就是知识位势差,合理的知识位势差可以促进联盟成员对共享知识资源的吸收,提高知识利用率,但知识位势差过大或过小也会给联盟成员间的知识转移带来阻碍作用。

景德镇陶瓷产业技术联盟利用互联网开启开放模式,不仅吸引了新成员和科研团队,更吸纳了多样化的知识资源,使联盟呈多样性。联盟的不断发展,一方面进一步巩固了联盟组织,促进成员间知识转移。因为稳定的联盟组织为成员间深入交流与合作提供了保障,并且在稳定的联盟内,盟员间更乐于分享知识,进而促进了知识转移;另一方面会使成员间存在各种差异,而差异过大,会影响知识的分享和转移。联盟成员间的差异过大既不利于主体的知识吸收也不利于知识转移的主动性,也就是当联盟成员在知识结构与知识存量上差距过大时,联盟成员则吸收不了共享中的知识资源,而且也打击成员知识转移的积极性。

4. 知识融合

知识融合也就是把筛选过来的各种知识融合为系统化的"结构化知识",并运用到新技术与产品中。知识融合是对知识进行重新组合和再创造的过程。首先把筛选过来的新知识重新编排,整合出系统的知识体系,然后根据实际的工作需求,在新知识体系里提取相关的知识运用到新技术和新产品中,并形成新的知识。联盟成员间进行交流与合作,大量知识在联盟内共享,各成员就能根据自身需求不断对知识进行整合和内化,增加联盟主体知识,在知识的模仿加工中创造出新的知识,从而完成知识的创新。联盟成员将知识不断组合与内化,扩大联盟主体知识的范畴,增加知识复制与模仿的难度并创造出新知识,从而实现知识价值的创造。

景德镇陶瓷产业技术联盟动态开放性对知识融合有重要影响且是双向性的,具体表现在:第一,新成员的加入促使联盟网络异质性加强,异质性越弱,知识融合创新难度才越小,反之亦然。因为联盟成员间交流与合作的进度和深度受到不同文化氛围的影响,当成员间在知识结构与知识存量上存在较大差异时,其相互间进行知识吸收与整合的难度也会加大。第二,新成员的加入,会使联盟对已有成员的依赖程度降低,从而巩固了联盟的稳定。即使缺少了某些成员,也不会影响到联盟的发展,以及成员间知识的整合与创新的正常运行。因此,高联盟动态开放性可以增强联盟稳定性,促进成员间交流与合作,同时使各类知识在成员间得到分享并循环利用。

二、景德镇陶瓷产业技术联盟知识协同的集聚模式

1. 以知识创新为基础的知识集聚模式

芮明杰等将网络状产业链的知识创新划分为两大类:一是以标准为核心的知识创新,称为"标准创新";二是以模块本身为核心的知识创新,称为"模块创新"。景德镇陶瓷产业技术联盟为各个联盟成员构建技术交流平台,以产业技术创新为核心共同攻克各种技术难题,开展技术创新活动,促进产业技术与商业接轨。以标准创新为基础的知识集聚模式主要是指联盟成员把分散于景德镇陶瓷产业技术联盟内外的各种知识进行系统化整合,使之形成联盟结构化知识体系,即产业标准,再把这个标准开放给联盟成员,促使各盟员进行技术创新,最后把创造出来的新知识再次融入联盟标准,从而实现标准优化升级。通过来回反复的整合产业标准,可以形成各种优势知识资源,并进一步优化联盟结构化知识体系,促进产业标准竞争力的提升。

景德镇陶瓷产业技术联盟的发展主要依靠获得技术资源的有效配置、在此基

础上建立产业标准、获得事实标准。标准的形成过程其实就是联盟成员把各自的知识资源外化并融入产业标准的过程。在这个阶段,联盟需要统筹所有知识,能够进行各个模块的界面规则和技术参数的处理,从而构建出体系化的知识系统。标准的进一步深入,使联盟成员在整个标准创新当中处于主导地位,它们引导技术创新活动,对联盟的各种优势资源进行整合。所以一些优势成员获得了符合产业标准的核心技术,从而成为实力强大的标准集成商。为了实现标准的优化升级,各联盟成员之间通过交流经验,把各种知识进行加工并吸收内化,进一步使界面规则与技术参数系统化,不断改进产业标准。此时,标准集成商就要发挥它的引导作用,引导联盟成员共同参与技术创新活动,实现知识创新。在标准集成商与模块开发商的共同努力下,联盟系统知识不断优化升级。

以模块创新为基础的知识集聚模式具体指的联盟成员以自身核心技术为基础,把联盟内外的所有相关技术知识进行"专业化"整合,最终形成自主创新能力的模式。这一过程中需要联盟成员改变自身的知识结构与知识储存量来激发自己的创新能力。实现模块技术创新才能不断推动联盟标准创新,从而掌握自主知识产权并在标准竞争中处于有利地位。为了形成标准,联盟成员需要共同努力,把自身的专业技术和各成员的专业知识相结合,攻破各种技术难题,构建自己的知识产权,从而为标准的形成奠定知识基础和提供专业技术。在标准形成后,联盟成员以产业标准为导向对模块技术进行改进,形成新的技术。各联盟成员把产业标准里有用的知识转化为本组织自身的资源,实质上这种内化过程就是界面规则、技术参数等外在的东西转化为自身内在的能力的过程。接着再进行模块的创新,一方面就是在相同的模块里,找出它们共同的知识,成功吸收对方占优势的知识和技术,从而实现相同模块间技术和知识的转化及实现知识创新;另一方面寻找不同模块的技术和知识,通过吸收不同模块的技术和知识来达到本模块的技术和知识创新。模块化独立创新知识集聚模式,就是联盟成员把本组织知识经过加工整理形成新的知识,或者把本组织以外的东西吸收过来与本组织的知识重新编排形成新的知识系统,同时把这些新知识运用到技术和产品中去。

2. 不同地位联盟成员的知识集聚

根据联盟成员自身的知识结构和存量的特点,以及在联盟中所处的位置,可将联盟成员分为核心成员与非核心成员两种。核心成员与非核心成员的划分并不是绝对的。核心成员由于转变了战略决策,在联盟中会逐渐失去主导地位,甚至地位不断下降,由核心成员降为非核心成员;而非核心成员通过努力,积极参与合作,利用各种资源,改变自身知识结构,提高自主创新能力,在联盟中的地位会不断提升,最后成为核心成员。

核心成员的主要任务是制定技术标准并进一步推广,一方面把景德镇陶瓷产业技术联盟的所有知识资源进行整合然后进行标准创新,并使标准进一步产业化与商业化;另一方面与模块商共同合作进行模块创新,促进产业发展。核心成员统筹规划,利用各种资源优势,共同开发核心技术,完成技术标准的制定和优化;而非核心成员的任务是进行模块创新,不断优化联盟标准及配套技术产品。通过对核心成员与非核心成员的合理定位,可以明确他们的任务和作用,使知识资源得到优化配置,促进联盟知识结构不断升级,提高产业竞争力。

以景德镇陶瓷产业技术联盟为基础的知识创新平台确保了成员间知识集聚的正常运行。景德镇陶瓷产业技术联盟作为一个技术创新网络是处于开放状态的,随着联盟的不断发展,新成员陆续加入。新成员的加入,一方面使联盟的知识资源呈多样化,巩固了联盟组织,从而增强了知识集聚效率;另一方面使联盟成员间知识结构与知识价值的差异不断加大,造成知识转移与吸收难度加大。所以景德镇陶瓷产业技术联盟要把成员间的异质性控制在一定范围之内,保持适当的知识位势差,从而使知识有效整合,不断增加联盟技术创新能力与效率。

第五节 景德镇陶瓷产业集聚演化动力形成机制研究

一、景德镇陶瓷产业集聚演化的动力

马克思唯物辩证法认为,矛盾是事物发展的源泉。所有事物的运动、变化与发展都是矛盾推动的结果。景德镇陶瓷产业集聚的演化动力从哲学源头看也是矛盾。景德镇陶瓷产业集聚作为一种生产组织形式,本质上也是生产力与生产关系矛盾的反映。因此,在寻求景德镇陶瓷产业集聚的演化动力时,需要产业集聚不断处理内部生产力与生产关系的矛盾,要不断变革集聚内部生产关系,以适应集聚生产力发展的需要。现代生产函数理论认为生产关系的物化形式就是各种生产函数。变革生产关系就是对原有生产函数进行不断地重新计算与调整,生产函数的变量与机构的调整对景德镇陶瓷产业集聚的发展起着直接制约或推动作用。景德镇陶瓷产业集聚的演化就是不断调整生产函数,建立与群内生产力相协调的新型生产函数的过程,由此构建全新的生产关系,推动景德镇陶瓷产业集聚的发展。

生产函数的变革势必会导致资源的重新配置。生产函数与生产力之间是否协调,是生产力能否真正解放的关键。生产函数的调整与变革是否正确,需要在

生产力方面进行实践层面的验证。景德镇陶瓷产业集聚本身更加追求创新型成长与发展,需要根据内部生产力发展实际与未来发展变化趋势,不断变革生产函数,以适应生产力发展的新需求。景德镇陶瓷产业集聚也需要提高竞争能力。从内部看,景德镇陶瓷产业集聚的竞争力的提升就是实现资源的优化配置、技术创新能力的提升。但是上述景德镇陶瓷产业集聚竞争力的提升都离不开生产函数与生产力这一最本质矛盾问题的处理。当然,处理好生产函数与生产力之间的关系,最终也是为了建立以技术创新为导向的景德镇陶瓷产业集聚发展模式。

同时,在知识信息化时代,生产函数变革带来的边际效益明显增大,尽管边际效应的递减速度也明显加快。与传统工业时代相比,当前资本在生产函数中的比重有所降低,知识技术等软资源在生产函数中的比重明显提高。传统工业企业大多靠资金的投入拉动产业的发展,资金在产业发展中处于核心要素地位。知识经济时代,知识技术在拉动产业发展中的作用越来越关键。景德镇陶瓷产业就是通过知识技术拉动产业发展的产业。总体上看,构建知识技术为主的产业集聚生产函数,是未来产业集聚演化的必然选择。

二、景德镇陶瓷产业集聚演化的动力形成机制

生产力与生产关系的矛盾,即生产函数与生产力之间的矛盾是产业集聚发展的内在动力。景德镇陶瓷产业集聚演化必须要考察动力生成机理,确定景德镇陶瓷产业集聚动力生成方向和生成方法。现代机械学的机器构造与运作原理和景德镇陶瓷产业集聚的动力生成机理有一些相似之处。机械构造合理,机械各部件之间紧密配合才能推动机械良性运转。同理,景德镇陶瓷产业集聚演化动力的生成就是实现生产函数的合理安置及生产函数与生产力之间的紧密配合。同时,景德镇陶瓷产业集聚演化动力的构建还应当以技术创新为导向,以市场竞争为助力。构建内外协调的景德镇陶瓷产业集聚演化动力体系,才能推动景德镇陶瓷产业集聚的良性发展。景德镇陶瓷产业集聚必须要降低生产函数变革成本、缩短变革时间,提高变革效率。景德镇陶瓷产业集聚要研究生产函数变革的前提条件,实现景德镇陶瓷产业集聚的卖方市场集中、产业地理集聚与技术创新集聚三种集聚形式的统一。景德镇陶瓷产业集聚演化动力的形成机制就是建立卖方市场集中、产业地理集聚与技术创新聚集的耦合体系。

景德镇陶瓷产业集聚通过优化生产函数构建产业集聚的竞争优势。从优化生产函数看,最重要的途径就是开展陶瓷技术创新,即开展技术函数的优化。技术创新必须要不断处理好技术创新资源有限与技术配置效率不高等问题。影响上述问题的主要因素如下:一是技术创新资源储备不足,获取集聚外资源成本相

对较高,也存在集聚外技术资源限制引入等情况。一些优势产业集聚对自己的技术资源敝帚自珍,不愿意与其他产业集聚实行技术资源的共享。即便是开展技术资源共享往往也会设置很多苛刻条件。二是从陶瓷产业集聚自身技术创新实力看,也存在创新投入能力、创新投入愿望相对不高的现象。这势必对产业技术资源的获取与配置带来负面影响。三是从产业集聚外部市场环境看,市场对产业集聚技术的要求日益提高,产业集聚技术创新速度有时滞后于市场发展的步伐。因此,即便是市场为产业集聚提供了技术创新方向和创新机遇,产业集聚也经常无法实现技术创新预期目标。综上,创新投入能力、创新投入愿望、创新机会和创新选择四个主客观条件是影响景德镇陶瓷产业集聚技术函数优化的重要因素。

同时,技术创新聚集、卖方市场集中、产业地理集聚等也给技术函数优化带来直接影响。从技术创新聚集看,各种技术创新资源汇集于某种技术的创新之中。如果不能实现资源的优化配置,会产生技术创新资源的重复、闲置等浪费现象,不能形成景德镇陶瓷产业集聚技术创新的真正合力。技术创新聚集在产业集聚内部的扩散方式也在一定程度上影响创新机会、创新效率和创新扩散,会对产业集聚的技术范式的形成带来不利影响。技术创新聚集也会给生产函数的变革带来一些压力,如打乱生产函数变革计划等。从卖方市场集中看,技术函数优化也经常受到卖方市场集中的影响。不同景德镇陶瓷产业集聚开展技术函数优化产生的技术创新成果在卖方市场出现同质化现象。这不利于景德镇陶瓷产业集聚竞争力的提升。同时,消费市场的升级换代频率呈现明显加速上升态势,景德镇陶瓷产业集聚的技术函数必须要进行与时俱进的优化。创新机会带来的对景德镇陶瓷产业集聚技术函数变革的多元化要求也必须引起产业集聚的重视。从产业地理集聚看,不少景德镇陶瓷产业集聚集中于一个地理区域之中,这既有优势也有弊端。从优势来看,景德镇陶瓷产业集聚的地理集聚,可以让不同集聚更好地开展知识技术的交流、共享与合作,提高技术创新效率。从弊端来看,景德镇陶瓷产业集聚的地理集聚也会加剧集聚之间的竞争,尤其是在一些高新技术创新中,部分优势集聚要保持技术领先地位的难度会明显增加。

总之,景德镇陶瓷产业集聚演化的动力形成机制,从本源上看源自生产力与生产关系(生产函数)之间的矛盾,关键是看如何提高景德镇陶瓷产业集聚的技术创新能力、变革技术函数。而技术创新聚集、卖方市场集中、产业地理集聚等对技术函数优化的影响不容忽视。景德镇陶瓷产业集聚演化动力的生成必须要从以上角度出发,明确生成发展方向与生成发展重点。

三、景德镇陶瓷产业集聚演化动力形成机制的本质

景德镇陶瓷产业集聚演化动力形成机制就是不断变革生产函数,以适应群内

生产力发展的要求。景德镇陶瓷产业集聚必须要遵循动力生成规律,建立以技术函数为核心的内外驱动型动力机制。简而言之,景德镇陶瓷产业集聚的动力机制就是实现创新主体与创新客体之间的有效链接,实现二者的有机结合。动力形成机制的直接目标是找到景德镇陶瓷产业集聚的创新手段与创新工具,而创新手段与创新工具受到创新主客体的制约。手段与工具的选择既取决于主体目的,又受制于客体属性。

景德镇陶瓷产业集聚的作用对象就是参与集聚的企业、研究机构、高校和政府等单位及个人。这些成员之间通过资本链、产业链、知识链有机串联,共同形成创新网络。景德镇陶瓷产业集聚就是要实现各参与主体的有机配合,建立创新发展动力机制。因此,景德镇陶瓷产业集聚具备以下五个基本特征。

一是景德镇陶瓷产业集聚成员多元化。景德镇陶瓷产业集聚的组成成员主要包含企业、高校、科研机构、政府等单位及独立个人等。随着景德镇陶瓷产业集聚的发展,更多独立个人参与景德镇陶瓷产业集聚,如经纪人、消费者等,加剧了集聚成员的多元化构成态势。这导致创新网络中的节点明显增多,处理各种节点之间关系的难度加大。当然,这也意味着加入创新网络的社会资源也逐渐增多。

二是景德镇陶瓷产业集聚具备自我组织秩序与规则,具有一定知识辐射特点,能够形成一定辐射半径的"知识场域"。简而言之,景德镇陶瓷产业集聚会形成具有一定独立性的秩序空间。同一秩序空间重点成员借助网络节点能够获得相关信息资源,这些信息资源具有一定的知识场域内部的"公共品属性"。技术创新可以实现各种信息资源的优化组合,明确不同节点主体的分工,使各主体共同致力于技术研发工作。在景德镇陶瓷产业集聚的创新网络中,各种成员之间会建立不同层次、不同领域的组合,成员之间的互动效率既受到知识场域的制约也因知识场域获得提升。

三是景德镇陶瓷产业集聚具备一定的开放性,能够实现集聚内外资源的有效融合。景德镇陶瓷产业集聚能够实现内外环境的交流,如加快能量、物质和信息的传播速度等。而景德镇陶瓷产业集聚以技术创新为主要目标,需要汇集更多技术创新资源。景德镇陶瓷产业集聚内部进行的技术创新资源的积累在一定程度上不能满足技术创新的需要,因此需要从集聚外部获取足够的技术创新资源。技术创新资源的内外融合,能够解放被经济结构束缚的劳动力等生产要素,实现各种生产要素之间的优化重组。同时,技术创新借助景德镇陶瓷产业集聚的开放性,还可以提高技术资源的利用效率、降低利用成本等。

四是景德镇陶瓷产业集聚非线性的运行过程。所谓非线性就是指景德镇陶瓷产业集聚的运行并不是线性的,而是更加立体式的运行。景德镇陶瓷产业集聚的立体式运行,能够实现景德镇陶瓷产业集聚发展空间的拓展,建立内容更加丰富的景德镇陶瓷产业集聚发展模式。景德镇陶瓷产业集聚的运行过程的非线性也是对偶然运行的否定,景德镇陶瓷产业集聚更加青睐借助立体式的运行达到既定的创新目标。因此,景德镇陶瓷产业集聚的动力发展方向既有开放性,同时也存在既定目标上的非线性。

五是景德镇陶瓷产业集聚具有客观的涌现性。景德镇陶瓷产业集聚动力机制的作用就是实现事物从量的积累达到质的飞跃。因此,景德镇陶瓷产业集聚动力机制对发展有明显的促进与导向功能。通过技术资源聚集为实现客观技术创新的"涌现"提供条件。首先,技术资源聚集能够为技术创新成果的实现提供更多有利的空间条件,能够让不同景德镇陶瓷产业集聚成员之间的合作更加紧密,实现各种技术资源的优化配置。同时,技术资源的聚集能够快速实现技术创新条件量的积累,为开展后续技术创新研究的质的飞跃提供保障。因此,在景德镇陶瓷产业集聚动力机制下,促进与导向必然带来技术创新成果的客观"涌现"。总之,技术创新在富集的技术创新资源环境中能够更快实现技术成果"涌现"的目标。景德镇陶瓷产业集聚带来的资源时空聚集,会催生技术创新集聚等现象。景德镇陶瓷产业集聚动力机制下的技术创新不是随机进行技术资源的安排,而是有计划地把有限的技术创新资源汇集到最需要的部门或邻近部门。这样可以提升技术创新资源的利用效率,尽快实现技术创新。因此,优势技术创新产业集中更多技术创新资源也是景德镇陶瓷产业集聚发展的必然要求。

第六节 景德镇陶瓷产业集聚知识协同效率提升策略研究

一、景德镇陶瓷产业集聚中的知识协同与产业集聚

人才、知识、创新及学习是景德镇陶瓷产业集聚的核心,各组织之间的隐性关系使自身价值得到了充分发挥。由于传统产业集聚中创新行为对技术水平产生依赖,通常利用学习方式即可得到。而景德镇陶瓷产业集聚中的创意行为对隐性知识产生依赖,必须以面对面沟通的方式才能得到。现在大部分人更倾向于通过这种非正式的面对面沟通获取信息与知识。因此,景德镇陶瓷产业集聚中的文化活动中心、交易场所、座谈会及展览会等都会向组织提供一个相互沟通的区域,让陶瓷技术员、陶瓷企业家、陶瓷原料供应商、陶瓷科研人员、中介及客户间以面对面的方式沟通交流。由此可见,景德镇陶瓷产业集聚功能中的隐性联系最为

关键。

　　景德镇陶瓷产业集聚中各组织间协同知识的显著特征是集聚中所有组织间因协同知识而形成互补关系。集聚组织在协同知识或者实现功能时,可与存在互补关系的企业进行有效配合、衔接,从而实现目标。但组织之间的知识协同难度大,市场竞争日益激烈,使组织选择难度增加。但景德镇陶瓷产业集聚中任一组织与其他组织之间都存在地理位置上的联系,从而在组织间建立了信任机制。为使该信任机制在社会关系中增强信任感,组织可以向其他组织提供一个知识协同与学习的平台,以便于提升组织学习能力,以及组织查找问题与处理问题的能力,营造一个积极的组织学习氛围。基于以上高信任度的交流合作机制,可以在组织与其他组织间公开知识、信息,实现知识协同。各组织间信息沟通、交流及传递速度的提高会导致相应的合作与交易成本的下降,知识协同与信息的迅速传递,可在短时间内满足市场的各种需求,使组织抵抗风险能力提升,且吸引的客户量增加,带来大量新的需求。而新的需求会将其他新组织吸引过来,形成雪球效应,从而迅速发展,同时可以吸引更多投资者,从而加强景德镇陶瓷产业集聚自身的聚集效应。

二、加快景德镇陶瓷产业集聚知识协同效率的建议

　　景德镇陶瓷文化企业以中小型企业为主,企业资源实力与技术能力存在局限性。随着行业技术更新速度的不断提高,企业自身技术能力、资源占有量、市场发展情况必然会限制其新产品与新技术的创新。以政府牵头合理规划与建设文化产业聚集园的目的是有效整合相同类型的文化企业,最大限度地将文化产业集聚的集聚效应发挥出来,使文化产业经营能力、经营规模及在市场上的竞争力大幅提升。首先,位于产业集聚中的各企业之间可进行优势互补,实现所有企业的资源协同与整合,形成一个完整的创新网络,产业的总体实力与竞争力得到提升;其次,文化产业集聚可以联合具有关联性的高校、企业及研究院,加快不同组织间的技术交流,实现市场信息的互通,使研发、制造及销售的文化产品数量得到很大提升。以提高产业集聚总体竞争力为目标,对景德镇陶瓷产业集聚中限制各组织知识协同的因素进行分析,加快知识协同的速度,使相应的集聚中知识协同效率得到提升。

　　1. 提升陶瓷企业学习能力与知识协同能力

　　景德镇陶瓷产业集聚中不同组织之间进行知识搜索、保存、整合、运用及传递的能力被称为知识协同能力。知识搜索与保存能力可以有效提升知识交易质量与知识的相互融合程度,通过知识的有效整合、运用及传递可以降低知识损失量,

使知识有效利用率提升。景德镇陶瓷产业集聚中核心组织从自身出发选取最佳合作伙伴,评价合作伙伴时从对知识协同产生影响的多项指标入手,包括转换知识能力、接收外部知识敏感性、更新知识产品速度及知识流转效率等,以判断组织知识协同能力强弱。由此可以实现集聚中不同组织选取合作伙伴标准的统一化,也可以让集聚中所有组织明确本企业向集聚给予的贡献度,了解本企业是否可以与本集聚的知识协同体系相适应。集聚会对具有较强协同能力的组织给予奖励,该奖励主要指无形价值与经济回报,以便形成一个理想的知识协同战略联盟。

知识的给予方与接收方作为取得知识的两个重要方面,经过不断努力与学习才能实现知识协同。组织吸收知识的能力决定本企业学习知识的能力,对组织吸收知识能力造成影响的各项因素有组织自身知识水平、组织整合知识能力、组织学习机制及研发能力等。因此,组织在文化产业集聚中需要提升自身累积的知识量,让集聚中的总知识量增大。共同知识指的是不同组织对语言相同、形式各异的交流符号、专业化知识的共同性、相同的价值观及相同的理解等,可以从根本上提高组织吸收知识的能力,进一步提升组织学习能力。

2. 加强陶瓷各种类型组织间的信任感

景德镇陶瓷产业集聚中各企业之间协同知识时通常是对立或者合作关系,核心组织运用多种措施分析对方企业掌握的知识,对方在确定是否对本企业知识协同时,会从承受的风险与获取的利益出发进行分析。各组织在对双方经济效益衡量后制定不协同或协同知识策略,假如双方都决定协同知识,则双方均可利用知识协同取得一定经济效益,达到整体能力的提升;假如任意一方拒绝协同,则不协同的企业取得的经济利益更高,而协同知识的企业利益被损害;假如双方均拒绝协同知识,双方在知识协同上均无法取得经济效益。若集聚中的所有组织都从自身经济利益分析,决定不协同知识则是企业最佳选择,由此即可获取知识协同中更高的经济效益。因为企业在协同知识时要为其投入成本,还面临因对方企业背叛而承受的风险,因此,组织经过分析最终决定的最佳选择是不协同。然而,从集聚未来发展考虑,知识协同才是集聚中各组织的最佳发展方案。

文化产业集聚中组织在协同知识过程中需要承受其他组织拒绝协同知识的风险,所以信任被看作避免机会主义的理想机制,也是协同知识的根本。假如各组织间失去基本的信任,则无法完成知识协同。由此可见,信任对知识协同具有促进作用。

开展知识协同活动时要明确信任的重要性,信任也是连接产业集聚各组织、实现知识协同的桥梁。各企业间信任感的加强,会促使组织形成相互依赖与信任的关系,让集聚中各组织投入更多精力与时间,采取多种方式实现隐性知识协同,解决隐性知识编码难度高的问题。

3. 引入专业陶瓷中介机构与公共机构

公共机构是指向公众提供服务的一种非营利机构，该机构可以向景德镇陶瓷产业集聚中的所有企业提供所需的行业知识、信息咨询等资源，以实现陶瓷行业的规范化管理与运行。引入公共机构便于更好地传播与整合所有知识。文化产业的核心在于创意，保障创意是创造创意的根本。保护知识产权是陶瓷文化产业迅速发展的标志，也是其发展的重要保障。政府采取颁布相关法律法规、调整执法体制及创新制度等方式，实现知识产权资助与保护制度的改善，加强保护自主知识产权力度。根据国内外相关经验可得，政府保护知识产权的力度直接影响本地区文化产业未来的发展趋势。文化产业属于智能密集型行业，开发产品与提供服务时所投入的人力资源、资金量较大，形成由开发者所属的知识产权。政府出面保护组织知识产权，可以保证投资文化产业的人员获取相应利益，从而推动文化产业可持续发展。文化产业集聚中有大量专业性较强的中介机构，文化产业以知识产权为核心，因此知识产权中介的业务范围从最初的数据检索、注册商标及处理事务等，已经扩展到转换知识产权等脑力劳动强度大的事务的推广等。中介组织机构的出现具有监督与服务文化行业发展的作用，使其产业效率迅速提升，同时加强行业自律性，便于文化产业集聚的进一步发展。专业中介机构与公共非营利机构采取的运作机制具有互补性，在竞争的业务领域也可以实现相互补充，作为知识溢出与信息传递的新发散点与集合点，具有推动文化产业集聚发展的作用。

4. 构建知识协同文化

知识管理中加快知识协同的重要措施是创建集聚协同文化。由于陶瓷企业文化的差别与工作流程的差异，每个陶瓷企业制定的知识管理模式也不同，而知识管理中最重要的环节为知识协同，文化对知识协同效益、效率及速度产生直接影响。因此，只有营造存在共性、协调性及便于知识协同的集聚文化，才能推动产业集聚中不同企业间的知识协同。通过创建以上知识协同文化，让集聚中各组织将协同隐性知识看作一种常见的行为，在该环境下组织认为，集聚中具有的所有隐性知识是一种集聚资源，协同隐性知识的本质是最大限度地运用集聚资源，所以，隐性知识协同是所有组织必须执行的义务。集聚知识管理选择的策略直接影响形成的集聚知识文化，其中最关键的是集聚中不同组织间的行为与态度保持统一，同意协同知识，基于各成员与成员对团队的信任感形成本集聚中的协同文化。信任程度高、创建协同文化使得集聚中不同组织间的合作能力强。高水平的合作加快集聚中各组织的协同隐性知识。创建一个便于知识协同的集聚文化，向各企业提供多个不同层级的知识协同网络与协同交流过程，是确保知识协同有效的前提条件。

5. 建立人才保障的各项政策

景德镇陶瓷产业集聚是一种智力密集型产业集聚,该产业的发展离不开人才资源与创意。产业集聚网络自身表现出一种特殊的作用,即针对集聚中小企业制定创新模式,该创新模式的关键在于人才、知识、创新及学习四个方面。人才是掌握一定知识的人,其学习能力强,也是创新的主体。员工的创造力是文化产业集聚的发展动力,所以文化产业发展的主体与核心为创意人才。而人才同样是集聚中不同组织之间协同知识的主体,集聚中要想成功完成知识协同,还要在集聚中落实政策。因此,集聚中各企业的人力资源管理部门要制定相关管理措施,促使各成员之间在相互沟通、知识技能协同及认识等方面达成共识。通过创造一个可加快知识学习、知识积累及知识协同的外部环境,让所有参与者深刻意识到知识共性的优势,从而将个人知识贡献到集聚的知识库中。与此同时,还应从优惠政策入手,取消影响人才沟通交流的机制,解决阻碍文化产业集聚发挥创造力的制度性问题,创造一个轻松并充满创造力的环境,从外部吸引大量管理人才、技术人才及产业经营人才。

第七节　景德镇陶瓷产业集聚与国家试验区协同发展研究

陶瓷文化是景德镇这座城市最鲜明的特征,也是最大的财富。2019年底,国务院批复同意设立景德镇国家陶瓷文化传承创新试验区,景德镇陶瓷产业迎来了千载难逢的历史机遇,探讨景德镇陶瓷产业集聚如何与国家试验区建设协同发展具有重要意义。

一、景德镇陶瓷产业集聚与国家试验区协同发展的基本内涵

景德镇以陶瓷作为对外文化交流的符号、名片及载体,要精准掌握与获取建设试验区的发展价值,准确定位城市角色,就必须从大局发展出发,在建设开放经济中走在最前端。景德镇具有一定的条件,也应该在发展道路上展现自身魅力。

1. 开放协同

首先,千年以来,景德镇对外开放时间都较长,景德镇一直走在开放协同的最前端。其次,景德镇是"一带一路"倡议的主要文化区域,也必须争做开放发展的领路者。分析历史发展进程,城市最大的特征在于开放,景德镇是中国陶瓷出口的主要基地,也在丝绸之路经济带上发挥关键作用,推动了区域与社会发展历程。

现在景德镇建设试验区成为全面开放与扩展的重要平台,也是促进新时代景德镇开放发展的重大机遇,可以更好地与"一带一路"倡议相融合。

建设国家试验区成为与全世界相互沟通交流的连接桥梁,可以使景德镇成为出口高端陶瓷贸易区域,加快景德镇陶瓷文化与全球先进理念的融合,使景德镇的经济和发展理念与全球发达城市接轨。

2. 创新协同

景德镇陶瓷的发展历史,究其根本是创新的发展历史。推动全球经济快速增长的动力发生了变化,由最初的要素发展成为如今的创新,因此景德镇在发展陶瓷过程中也要向智能化、数字化方向转型,在创新协同之路上走在最前端。纵观古今中外产业发展历史,将全球最先进的技术引入,结合市场发展趋势创新开发出更多新产品是产业发展必由之路。景德镇陶瓷产业处于新的历史环境下,从理念入手创新,以全球标准要求自己,重点关注原创能力,推动创新、创意陶瓷文化,针对陶瓷文化产业培育相应的新模式、新技术、新业态、新的价值链、产业链,才能产生集聚效益,加快升级与转型速度,重新树立"品牌"形象,推动与国家试验区建设的创新协同。目前全球处于经济增长动力发生变革的时期,景德镇发展陶瓷文化产业也必须以创新为动力,大幅提高产业集中度,使得智能型产业制造技术能力与创新性增强,实现精益化制造,为先进制造或者智能制造奠定基础。

3. 变革协同

目前,国家试验区的发展核心在于对试点区域进行改革,合理运用试验区自身先试权,加快政策集成与创新步伐,实现陶瓷文化与产业发展、先进技术间的充分融合,目标是在投融资、财税、城市建设及自然资源等领域进行改革并取得显著成果,走在改革之路最前端。塑造陶瓷变革理念、建立特色产业集群、建设国家试验区的根本在于引领陶瓷产业向着更繁荣的方向发展。第一是标准化。选择"一流企业"作为发展目标,推行以标准化、专业化方式制造陶瓷的理念,从根本上提高产品质量,在陶瓷行业中塑造处于主导地位的企业成为企业发展的标杆。第二是规范化。以规范化方式设计、研发、制造及销售陶瓷,特别是规范化劳动要素。以职业教育的方式促使陶瓷发展,传承陶瓷技术时从传统的师徒方式转换为集中教育模式,培育更多掌握产业核心技术的劳动力。第三是规模化。规划"两地一中心"全面发展的格局,按照发展计划推动建设试验区。以科学的方式优化调整陶瓷文化产业结构,促进陶瓷产业更好地融入旅游产业、文化产业中,形成"文化+陶瓷+旅游+创意"的新的发展模式,选择日用陶瓷、高新技术陶瓷作为发展重心,建立一个综合性的"泛陶瓷"发展局面,集产品设计、产品研发、产品制造、产品创意、对外贸易、旅游及文化交流于一体。集中所有力量建设大项目,对于具有特色的项目可优先发展,特别是高新技术特色项目、"文化+陶瓷+旅游+创意"为一体的综合性项目等。投入更多精力在收购、并购、授权经营及股份制经营等企业经营方面,推动企业上市;重点培育景德镇陶瓷产业的国际品牌、发展作为产业联盟核心的主导企业。

二、景德镇陶瓷产业集聚与国家试验区协同发展的基本路径

1. 针对试验区的比较优势,找准景德镇陶瓷产业的定位,加大财政资金的支持力度

陶瓷文化产业与其他产业不同,表现出个性化特征,特别是景德镇陶瓷产业,作为一个弘扬陶瓷文化与个性化的产业,地方特色是该产业价值之一。因此,景德镇陶瓷产业集群要与本地区文化资源、特色相结合,最大限度地发挥市场的竞争优势。政府作为建设与发展景德镇陶瓷产业集聚的主要动力源,面对各企业间日益激烈的竞争,应给予财政政策扶持、资金支持等。此外,当前景德镇陶瓷产业集聚的文化产品相似性较高,还需要根据本地区个性化特色找准产业定位。

欧美国家文化产业发展与我国相比更发达,应借鉴欧美国家丰富的发展经验,文化产业的快速发展离不开政府的正确引导与支持。地方政府财政在支持文化产业时要先支持非营利性文化事业,使国有文化企业与国有资本充分发挥对行业的引导作用,将大量民间资本纳入,吸收来自外部团体或者个人的捐赠,并对体现出公益性的文化产品、混合文化产业的公益性部分、有关国家文化安全的产业、凸显民族特色的项目给予重点支持。

文化产业投资面临的风险较高,从而对社会资本的进入起到限制作用,因此地方政府财政要大力支持陶瓷文化产业。首先,明确政府公共财政支出的边界值,支持建设涉及整个社会的公共文化服务体系,对于公益性、社会性文化产业政府要确保其具有优先发展权。其次,合理分配政府给予的支持资金。以财政补贴的方式对社会资本进行引导,让财政资金可以投入资本密集、市场水平高的陶瓷文化产业。面对风险高的创意产业,可由政府出面对其取得的研究成果进行购买。最后,有效提升公共财政资金使用效率。构建并完善财政投入绩效评价机制,采用绩效评价方式管理文化产业投入的经费的使用,从而提高政府财政支持文化产业的有效性。

2. 合理规划景德镇陶瓷产业聚集的空间布局,细化陶瓷文化产业发展规划

文化产业发展受到各种因素影响,其中主要因素有空间上文化产业聚集区建设是否合理、在聚集区建设的基础设施是否满足消费者要求等。解决这些问题要结合景德镇总体规划,以此作为参考进一步规划陶瓷文化产业未来发展,在城市

发展过程中融入文化产业,提前为产业发展保留一定空间,凸显聚集区优势,实现与其他区域之间的优势互补,达到扩展产业空间的目的,加快城市经济发展步伐。合理规划布局可以使集聚与全球先进的文化企业对接,增强其与生产型企业集群之间的紧密联系;可以更好地与城市通信设施、交通设施等结合,使得城市公共交通体系得到优化,聚集区中交通表现出高度通达性,文化创意与文化产品可以很快到达消费者身边。

可结合试验区所处地理位置特点、优势产业、历史文化资源等,引导陶瓷文化产业在聚集过程中制定一个合理的规划,从而实现在本地区良性、健康地聚集大量陶瓷文化企业的目标。然后选取一个符合试验区发展的龙头产业,斟酌未来投资方向。政府以优惠政策、资金支持等方式支持重点企业,向该类企业提供诸多优惠条件。还利用政策杠杆功能对聚集区企业规模进行合理调节,杜绝出现由于企业数量过多造成的恶性竞争。

3. 加强企业合作,扶持重点陶瓷文化企业,实施龙头带动战略

陶瓷文化产业作为一个分工专业且运行复杂的系统,涉及的企业有供应商、制造商、转包商、销售商等。政府可从纵向入手联系所有上游与下游企业,从技术与资源方面支持陶瓷文化产业发展;另外也可从横向联系入手聚集大量陶瓷文化机构、工作室等,便于聚集大量有创意的人才,也促使各企业间相互合作与沟通。目前陶瓷文化产品数量较多,然而可称为精品的产品数量少之又少。陶瓷文化企业生产力水平提升的核心体现在培养本行业中的龙头企业,该类企业起到聚集、带头及辐射的作用,可以向其他区域辐射与衍生文化产业,建立一条文化产业链。因此,应采用集团化发展形式,推动试验区中的所有陶瓷文化产业加快发展步伐。政府可帮助条件达到要求的企业重组为创新力强、经营业绩好的文化企业并共同上市,以扶持重点企业成为本行业中的龙头企业。

4. 加强与各高等院校以及文化科研机构的合作,增强知识产权保护力度

陶瓷文化产业聚集要对拥有创造力、个人能力较强的资源进行聚集。经营与管理陶瓷文化产业的基本条件是相关人才必须具备专业知识、创新能力、了解文化市场管理模式与运作方式,以上离不开高等院校教育资源的投入。因此,景德镇应深入挖掘陶瓷高校的教育资源,支持社会、高校、民间资本共同建立文化产业研究机构,加大培养文化产业人才力度。

另外,人员的创新能力是陶瓷文化产业的主要竞争力,而培养员工创新能力的前提是保护知识产权,培养员工保护知识产权意识。因此,地方政府应积极出台政策保护知识产权,为陶瓷文化产业集聚营造一个较好的发展环境,如国家颁布的《著作权法》《商标法》及《专利法》就是保护知识产权的重要法律依据,可以打击文化产品侵权与盗版行为。政府构建的知识产权交易平台有利于降低陶瓷文

化企业为交易知识产权投入的成本,加快陶瓷文化产业信息交流平台的创建。

第八节　景德镇陶瓷产业协同集聚与国家试验区发展的关系研究

2019年8月26日,国家发展改革委、文化和旅游部正式印发《景德镇国家陶瓷文化传承创新试验区实施方案》,景德镇陶瓷产业迎来重大发展机遇。

一、景德镇陶瓷产业协同集聚能形成有利于试验区发展的网络

产业集聚的定义可采用两种不同理论表达,研究的核心在于文化与社会的双重因素。波特最早提出专业产业集群经过演化会形成产业集聚,所有行为参与人员间的合作与竞争都会对产业集聚所在环境状态产生影响,因此,参与产业集聚的主要为具有关联性的各种类型的企业、其配套企业及中介。涉及产品制造、用户消费过程中的全部经济体,主要有政府、高校、中介机构及企业等。不同理论对于产业集聚的表述分别从经济、地理和管理学角度展开,常见的表述方式为产业集聚、企业集聚。

集聚的一项重要特征为邻近性,波特提出的定义或者后面其他学者研究给出的定义均对该点表示认可——集聚指的是产业上相似的多家企业在某个地理区域的聚集。由此可见,集聚自身概念具有显著的地理邻近性特点。产业集聚定义中的产业专业化、地理集聚为两项界定特征。其中地理聚集表示产业区中全部企业在地理位置上相互邻近,且在相同区域聚集,表现出明显的地域特征。我国地理聚集理念主要在城镇、城市等行政地区上体现,并被当作地理边界。

另外,经济全球化已经到来,企业与个人的社会网络在发展阶段也逐步体现出全球化特点。由此会让个人具备跨国界私人关系,企业中该现象较为常见。部分企业,尤其是规模较大的企业,经营发展过程中充分体现国际化优势,与其他国家的企业开展学术交流、贸易、研发合作等,不断发展使其具备国际化特征。此后诸多学者深入研究提出,全球化步伐的加快,随之而来的是地理特征走向衰亡。然而全球化快速发展阶段,集群与集群中社会网络特征并非像专家预测的逐步消失,反而成为企业采集信息的主要依据和渠道。产业集群中一项主要内在特征为社会网络,在学术领域吸引大量学者由经济学入手对集群展开探索,形成多种有关集群中网络的解释,从整体来看,大部分学者对网络内涵的认识相对统一,通常将集群中的网络看作各企业之间的协作关系,处于本网络中的企业之间具有某种

与契约相似的关系,对企业行为起到约束作用。网络作为一个活动能力强的行为主体,可被动或者主动参加活动,资源流动速度的加快使得各个企业间存在一种非正式或者正式关联。因此,网络可缩短或者淡化距离的作用不可否定,而网络在整体上是集群的重要组成部分。通常加入全球化网络的企业规模较大,而中小型企业加入全球化网络则难以获取其中有价值的资源,该类型企业主要汲取地方化网络中的各种资源。

景德镇陶瓷产业协同集聚作为一种常见的产业治理结构,其优势在于具有政治性与市场性,在调节经济时表现出中间性特征。网络治理结构的规则是依据参与人员的多次沟通,彼此间形成的某种规则。与其他产业集群不同的是,本网络表现出本区域陶瓷文化的特征,加入网络的所有企业都具有特殊的陶瓷文化特点,利用网络实现数据交互与产品交易。各行为主体间存在一种与契约相似的信任关系,也是推动景德镇陶瓷产业集群形成与不断发展的主要因素。参与产业集群网络的所有陶瓷文化企业间的相互信任是其生存的根本,基于各自间的信任形成一种正式或者非正式化的竞争网络。随着社会经济的不断发展,社会各成员间的分工逐渐明确,且专业性日益提升。不同企业之间的沟通使交易成本增加,一些企业从本地入手找寻交易对象,可以让企业交易成本大幅降低,增加利润空间,为产业集群网络的形成与发展提供机遇。当前的社会主义市场经济体制下,缺乏健全的市场调节机制,造成外部信用环境紧张且存在严重的不确定性。社会主义市场经济体制日趋完善,但我国相应的市场法律规范性尚显不足,产业集群网络涉及的范围小,仅在传统社交网络中应用。在深入改革经济运行体制的过程中,政府已经从各方面出发完善市场机制,建立健全合理的法律制度,向其他领域扩展市场网络与社会网络,使其范围与规模增大,基于此最终构成一个个成熟的产业集群网络。因此,产业集群网络运用的不同信用基础,使得景德镇陶瓷产业集群出现不同的协同集聚路径。

一是利用传统社交网络中的关系,例如亲戚、家人、同学、同事等,经过交叉连结构成区域性网络系统。本系统中的交易是建立在传统的信任基础上,无其他方面的拓展。该模式稳定性强,可在长期中保持一种稳定状态,外界环境改变后也随之变化,适应性较强,对彼此间的信任度改变难度大。但是该路径也不可避免地具有弊端,本区域中的产业集群在长期发展过程中各自间的信任度会下降,如一旦企业受到集群中市场规模扩展的影响,在利益驱使下制造成本低廉、质量较差的产品,就会严重破坏集群中各企业间的信任感。

二是基于陶瓷产业市场发展现状,不同交易主体在多次博弈下形成市场交易网络,使得信任感倍增。在此假定一个相对单纯的市场,进入本市场进行交易的所有企业各自间无联系,交易过程中根据价格进行分析与商讨最终确定是否交易。企业主要依据产品价格进行决策其他因素对其产生的限制较小,如果市场上的信息处于流动状态,买方与卖方均可了解资源的优势,那么该市场机制属于一种理想状态,然而无该交易机制应用于实际。假定信息在市场上无法自由流动,买方或者卖方任意一方在信息上表现出显著优势,则会导致交易缺乏公平性,这时在交易时买卖双方基于扩展信任行动,该信任来源于外界环境,而制度的差别也会导致信任的稳定性具有差异。景德镇陶瓷产业所处的试验区将通过设立健全的法律机制与市场机制,使交易双方信任度升高,这时位于市场的交易双方只要多次交易就能构建一个稳定性强的信任基础,并以此为核心逐渐发展出集群网络。

二、景德镇陶瓷产业协同集聚为试验区发展提供各种优势

产业协同集聚作为常见的资源配置模式,可以将竞争特征显著的经济活动组织起来,确保生产资源具有一定经济效率。在人力素质加强与自然资源大量聚集的大环境下,人力资源依据市场变动形成全新的产业链。景德镇陶瓷产业协同集聚可以整合与聚集某试验区中的所有劳动力、资本及自然资源等,同时可以将产业集群中各企业资源优势充分体现出来。另外,产业发展会受到各大中介机构形成的协同效应影响,常见的中介机构有行业协会、产业协会、教育培训机构及金融机构等。产业集群可以吸引其他区域的资金、技术等大量外部资源,加快试验区经济发展步伐。景德镇陶瓷产业协同集聚便于集聚资源、细化分工、节省成本、学习先进技术、技术创新、业务合作及业务竞争等,同时可以形成广告效应以及提高品牌价值。由此可见,在景德镇陶瓷产业协同集聚不断发展,积累基本技术、外部资本及管理经验的同时,试验区中的企业也要从未来发展的角度出发,提升自身能力,共同推动试验区发展成为学习型区域。

从地理位置上分析,景德镇陶瓷产业协同集聚中的各企业之间相互邻近,可以共享试验区中的所有有形资源,主要指的是基础设施等。因此,各企业在经营期间通信费用与运输成本下降,成为各企业进行非正式或者正式沟通的基础条件。下列几个方面凸显成本特征:首先是集聚中所有企业间存在较高的信任感,违约成本下降或者不会出现违约成本。造成该现象的原因是企业在产业集聚中多次交易,彼此间保持了较为稳定的协作关系,可以构建一个信任度较高的合作关系,使得谈判效率大幅提升。其次是集聚中不同企业间交易成本下降。同一个集群中的企业地理位置相近,相关的交换费用、运输费用、寻求合作费用等大大降低,在一定程度上可以节省企业资源、减少时间浪费,使得产品成本下降。

景德镇陶瓷产业协同集聚中各企业的产业规模、基于产业规模的区域性品牌

效应、市场规模及国内外市场拓展情况等均能对其市场优势产生决定性影响,并在产业集聚作用下构建出专业化程度高的市场环境。专业性市场和产业集聚间是一种相互依存关系,高专业性促使试验区中产业集群发展为市场,向企业提供发展的基础条件。相反,专业性市场可以加快产业发展步伐。产业集聚可促进形成影响力与"区域品牌"。协同集聚中企业运用协同效应,在不断努力的前提下构建一种特殊化的群体品牌,这也是集群各个企业的无形资产。对比其他独立企业品牌,群体品牌的特点体现在直观、形象等方面,是经过不断浓缩与提炼产业集群中大量企业品牌的优势而形成的。

三、景德镇陶瓷产业协同集聚有助于推动技术创新

企业发展离不开技术创新,景德镇陶瓷产业协同集聚的出现为企业进行技术创新创造了基础条件。知识的显著特点为无限供应、无国界限制、非私有性及扩散性等,能推动试验区加快创新步伐接受来自外界的各种挑战。景德镇陶瓷产业协同集聚中的企业创新与学习效率较高,从下列多方面体现:首先,产业集聚中各企业间的良性竞争会加快企业技术创新、组织管理创新,从根本上提升产业集群中各企业的创新意识与能力。其次,从地理上分析,产业集聚中的企业所处位置相近,业务往来次数多,企业创新成果可以在企业之间迅速扩散,也便于集群中企业间的相互学习,使试验区陶瓷文化产业中企业创造水平与能力提升。再次,产业集聚中具有多种创新条件,产业协同集聚中的创新主体可以更便捷地获取所需的各类资源,例如工具、设备、资金、人才等。最后,如今大部分产品在创新时涉及的方面较多,且结构组织较为复杂,需要投入的成本较大,往往超出一个企业的承受范围。产业协同集聚中类型相似的企业之间可以相互合作进行创新,可分解创新自身的风险,使创新难度下降,也可以缩短创新周期。由此可见,产业协同集聚创新的显著优势体现在环境创新、动力创新及组织结构等方面。在行业中企业集群占据主导地位,也可以看作创新主体,是推动景德镇陶瓷产业迅速发展的不竭动力。

第九节 景德镇陶瓷产业协同集聚与国家试验区协调发展的探讨

2019年5月20日至22日,习近平总书记视察江西,作出了要"建好景德镇国家陶瓷文化传承创新试验区,打造对外文化交流新平台"的重要指示。2019年7

月2日至3日,时任江西省委书记刘奇在景德镇市调研并主持召开推进景德镇国家陶瓷文化传承创新试验区建设座谈会。他指出,要把创新发展陶瓷文化产业作为关键引领。景德镇陶瓷产业的协同集聚与国家试验区协调发展正在不断展开,这一过程分为不同的演化形成时期,其特点也不尽相同,主要可以分为形成时期、强化时期及成熟稳定时期。景德镇陶瓷产业协同集聚与国家试验区协调发展受到动力因素在各个时期差别的影响,使其表现特征也具有一定差异。

一、景德镇陶瓷产业协同集聚与国家试验区协调发展的形成与产生时期

受到某种不确定因素的影响,可以在试验区聚集一家或者多家小型陶瓷企业,虽然该类企业规模较小,缺少足够的生产能力,生产流程过于随意,然而其优势在于可以根据市场变化迅速调整,适应市场能力强,反应迅速。一些封闭不严的本区域会进入部分其他区域的企业,该企业对试验区某个区域的社会环境不熟悉,并未形成规模。由此可见,从外部进入的企业与内部新成立的企业创新能力不足,同时面临严峻的外部不确定性,迫使该类企业要从扩展市场入手,不断改善附近产业环境。在此将该类企业看作产业核心企业,也就是产业聚集最初的生长点。这类陶瓷企业是试验区发展的核心,在该类企业的努力下周围出现一些配套企业,然而从整体上分析,在此聚集的企业数量仍然较少,且存在严重的同质化问题,远远无法满足产业聚集提出的多样化、规模化需求。目前,试验区中的核心企业均是政府在试验区建设规划的基础上结合产业发展政策设立的,表示政府在最初建立产业集群过程中起到主导作用。即便在试验区自主成立的产业核心企业,由于自身经营能力较弱,生产能力不足,也需要政府制定相关政策对其予以支持,从而确保可以形成产业集群。通过分析国内外产业集群现状得出,产业集群的萌生与发展离不开政府政策的支撑。由此可见,在最初形成产业集群过程中政府已经作为一分子参与其中。

另外,在景德镇陶瓷产业协同集聚的产生时期,由于市场的不成熟,配置资源效果不理想,政府在配置与整合集聚资源过程中具有主导作用。政府采用直接方式促进资源聚集,针对集群中的陶瓷中小企业进行资金支持,并发布多项优惠政策,向产业集群汲取更多大量优质资源,作为产业集群发展的重要资源支撑。在出现产业协同集聚前,试验区已形成基于亲缘、血缘及地缘连接的社会网络。在最早的陶瓷文化产业聚集过程中,本区域仅有较少的企业,产业集聚在一定程度上增加了技术人员与体力劳动者数量,向构建新的社会关系给予所需的"原料"。企业家的出现与形成企业家社会网络是社会网络发展的重要标志。企业家间的

关系主要为常见的亲戚关系、家族关系、朋友关系等,在企业未来发展方向与价值观上具有相似性,使各企业具有一定的忠诚度与信任度,口头承诺是企业之间的主要交易模式。在最早建立的产业集群环境下,基于人际关系网络而形成的非契约关系具有显著优势,使本集群中各企业内外谈判、管理及交易投入的成本下降,避免产业集群中出现数据不对称问题。

二、景德镇陶瓷产业协同集聚与国家试验区协调发展强化磨合时期

陶瓷文化产业集群企业在本时期的特征出现两个较为明显的改变。首先是集群中各企业规模增大。集群中的产业核心企业在该时期以较快的速度发展,规模也得到进一步扩展,管理与生产模式也日益完善。产业的核心配套企业数量与规模也得到扩展。其次是参与集群的企业数量出现明显的上升。在产业集群效应的作用下,产业集群中聚集了更多其他外部企业,尤其是产业集群充分体现出自身开放性特征后,试验区以外的其他企业会被产业集群中的各种优势所吸引。另外,陶瓷文化产业协同集聚中企业数量的日益增加,使得人才资源趋于多元化。以景德镇陶瓷大学为代表的科研机构与高校的联盟,以及市场上出现的各种中介机构,从根本上增加了高素质人才资源的数量,为培养高技术人才营造了一个理想的环境,让集群中人才资源数量与质量得到提高。通过分析当前集群人才资源结构发现,创新型人才资源在发展期间呈增强趋势,并在总的人才资源量中所占比例增加。另外,试验区中劳动力市场也日趋稳定,管理人才与技术人才可选择余地多。

由此可见,当前产业集群中已经具有大量、类型多样的资源要素,且正在不断优化资源结构,例如在人才资源中,创新型人才所占比例增加,与此同时资金资源也呈现多样性,促使知识资源推陈出新。产业集群市场在发展期间日趋成熟,集群资源配置也发生变化,从最初的以政府为导向已经发展为需市场与政府共同作用。虽然本时期进一步扩展与加强了社会网络,但不可避免地存在局限性。通过分析网络结构得出,本网络主题结构过于单一化,网络上的节点以劳动者、企业家、政府工作人员为主,因此,该社会网络关系中占据主要部分的为企业家与员工关系、各企业家关系、政府人员与企业家间关系;由网络开放性分析,社会网络中大部分为亲缘关系、血缘关系及地缘关系,导致本网络相对闭塞,接触其他外部社会网络少,具有浓重的地域特征。

社会网络进入景德镇陶瓷产业协同集聚增强时期,以上两点限制则被社会网络打破。第一,陶瓷文化产业集群中引入大量国内外科研机构及中介机构,使社

会网络广度得到扩展,并对社会网络上的主体结构进行优化。在集群吸引的科研机构、高校及中介机构数量较大的情况下,部分企业家以企业可持续发展为目标,与本行业中其他企业家达成合作关系,同时与本集群中的风险投资者、金融资本家、科研机构专家、高校教授及政府官员之间构建新的社会网络,期望可以从多方面出发,拓展资源获取渠道。该环境下,异质性节点大量增加,且网络中的异质性也在加强。第二,异质性加强、社会网络广度拓展,基于亲缘、血缘及地缘等的熟人社会网络出现巨大改变,社会关系从最初的友邻关系、亲戚关系等向同乡扩展,提升网络开放性。景德镇陶瓷产业协同集聚的高速发展促使试验区与其他区域间开展资源交互,从而频繁出现企业迁出与入驻,产业集群开放化程度大大提升。

三、景德镇陶瓷产业协同集聚与国家试验区协调发展的成熟稳定时期

陶瓷文化产业协同集聚经过发展迈入第三时期,集群中的企业增长量保持稳定状态,与上一过程相比增长速度较为缓慢。企业特征的改变并非只是数量上的,更多是在体系结构上。产业聚集中企业的数量与规模已趋于饱和状态,导致外部企业无法进入集群。在本时期景德镇陶瓷产业想要取得发展,必须改变当前技术模式与组织结构。产业集群中的部分企业技术创新减少、无法满足市场要求,其自身优势也不明显,在发展过程中逐步退出;集群外其他企业运用高新技术或者紧抓市场需求,对退出企业产生的缺失进行弥补,这也是产业集群以后的主要发展趋势。假如产业集群缺乏一定创新性与创新动力,会导致试验区协同发展的功能下降,集聚的企业数量也缩减,出现大量集群企业向外部迁出的现象。

中介机构与高校、科研机构及企业相比具有一定差别,在景德镇陶瓷产业协同集聚调节过程中其数量会出现一定程度的上升,造成该现象的原因是产业集群在技术方面提出更高要求,促使中介机构加快发展步伐。与景德镇陶瓷产业协同集聚增强时期的中介机构相比有一定的不同,重新形成的中介机构可向产业集群提供一些基础服务,其典型代表为补给所需资源,最关键的作用是为集群主体创造一个最佳的创新条件,例如转让技术、技术服务、专利服务及技术开发等。进入景德镇陶瓷产业协同集聚第三时期,在集聚动力因素的不断更新下,对集群中人才资源质量与数量提出一定要求。外部经济与企业的规模化发展受到雇佣人员与体力劳动者素质高低的直接影响,而低素质人员限制产业集群的可持续发展。这时以培训创新型人才的方式合理配置产业集群中的人才资源,如企业雇佣的劳动者大部分来自科研机构、高校及中介机构。由该机构对其操作技能进行培训与素质培养,让更多大学生、专家也开始进入企业学习与掌握生产技术。

因此,当景德镇陶瓷产业协同集聚处于稳定发展时期,无需人为干预资源配置和资源整合过程,政府在产业集群发展过程已退出主导位置,实现以市场需求为主导,因而在资源的组织、配置及调整方面市场发挥主要作用。资源要素受到市场机制的影响,向着收益更高的环节或者区域转移。但是假如产业集群形成的效应被削弱,使其吸引其他创新资源的能力下降,那么大量创新资源将向外部迁出与流失。

景德镇陶瓷产业协同集聚在本过程会向深化产业集群方向发展,社会网络并不会出现萎缩,与试验区的协同发展可以对产业集群的衰退起抑制作用,有力地阻止产业集群的衰退。在社会网络中强联系主体运用自身社会关系,实现对集群中高质量资源的整合,对各企业进行分析,支持发展潜力巨大的企业,保证产业集群以一种健康的方式实现可持续发展。该社会网络主体也可以从集群外部入手,整合发展新兴产业所需要的特殊资源,加快新兴产业的发展步伐,达到转型与升级产业集群的目标。另外,产业集群转型期间,企业家与高校技术人员、各行业企业家间,以及风投企业家与企业家间的社会关系进一步加强,沟通与交流次数也日益增加,在各专家的相互沟通中实现知识的猛烈碰撞,推动技术创新,所以社会网络支持技术创新力度加强。生产网络受到技术创新的干预而出现变化:为降低劳动力的浪费、技术锁定、生产风险过高等带来的影响,需要强化市场变化机制,在该环境下形成卫星式生产网络,该网络的主要特征为弹性专精,使得大型企业与中小型企业共存亡,因此大型企业需要从资本、人才、资源及信息等方面入手与小型企业间建立合作关系,使得生产多样性与灵活性得到保留。

第二章　景德镇陶瓷产业创新能力研究

第一节　景德镇陶瓷产业创新能力的基本维度研究

一、研究背景

产业作为经济学研究中至关重要的部分,其创新与发展和国家创新与企业创新虽息息相关却又各不相同。以产业的发展层次为切入点对创新理论进行分析和研究,无疑对我国的创新和实践有着一定的借鉴意义。

依照系统论的研究来看,系统与系统之间结构的变化存在着一定的相关性,一个系统结构的变化可能会引起另外一个或多个系统结构的变化。景德镇陶瓷产业的发展与扩张,势必会对传统产业结构带来冲击,并催生一批以前并不存在的文化产业群。同时,传统产业也会借助文化不断进行改造与升级,以努力提升市场生存与竞争能力。传统产业的改造升级对于当前我国的文化发展具有重要的现实意义,这是因为我国传统文化产业规模十分庞大,改造升级是文化产业发展的现实诉求,但是,我们也不难发现,不同产业的创新着力点也大相径庭。以景德镇陶瓷产业为例,其创新主要可以从以下三个方面进行探讨:一是对于景德镇陶瓷产业而言,其本身无疑是文化创新和知识产业的密集区,文化创新活动的开展对产业有一定的直接影响;二是从实际情况而言,制造业占据了我国景德镇陶瓷产业的大部分,为区域经济的进步和发展奠定了基础,由于制造业为其他行业供给生产设备,其文化创新成果可以较好地辐射和波及其他产业;三是宏观方面,任何景德镇陶瓷产业的创新均离不开来自国家和区域层面的政策支持和文化自身行业实力的增强。鉴于此,我们主要从景德镇陶瓷产业发展创新的过程进行分析和研究,继而对其创新能力进行界定。

二、景德镇陶瓷产业创新的基本问题研究

对于景德镇陶瓷产业而言,其主要是综合了以景德镇文化商业化应用为基础

的产业总称,往往呈现出相对、动态和集合的概念。随着社会发展的日新月异和文化产业的不断革新,先进的文化直接引领着该产业发展的未来趋势,继而在整个产业升级和变革的过程中担任起先驱者的重要作用,对整个产业的发展影响深远。景德镇陶瓷产业在发展过程中不只是参与创新,更多的是担任起了发挥主导作用的创新型社会组织这一角色,也就是说,其在创新过程中应该成为在文化创意研发、文化创新投资与活动等方面的主体,将多方利益结合起来;景德镇陶瓷产业的发展主要依托于文化的进步和发展以及人力资源和资金的不断积累。就景德镇陶瓷产业创新而言,往往可以分成两个部分:一是直接形式,指的是文化企业通过内部资源的整合和关键环节的创新,使得产业组织创新能力不断提升,继而在激烈的行业竞争中获得成功;二是间接形式,指的是景德镇陶瓷产业在文化创新和战略创新上不断发展的过程,这也往往是其从产业创立到成长成熟的时期,可以实现全面的产业升级和跨越式发展。

伴随着社会的不断发展,景德镇陶瓷产业在经济发展过程中的作用愈发不可或缺。对于景德镇陶瓷产业来说,其主要是从文化创意创新研发和产业创新等方面着手,继而促进产业的发展,逐渐对区域乃至国家的产业结构调整产生一定的影响力。景德镇陶瓷产业的创新,主要是从文化进步的角度出发,对产业生产的产品进行创新,对市场进行拓展,对组织进行优化,对制度进行革新等,通过提升企业的竞争能力,谋求利益的增加。只要个别企业的文化创新逐渐发展为整个产业的创新和发展,就可以实现综合实力的提升。与此同时,鉴于产业之间的密切联系,文化创新活动的发展也会逐渐突破产业自身的局限性,在互联网时代的背景下,不断细化产业分工,进而衍生出新的产业形态。与传统产业、文化服务等多区域进行更为深入的合作和互动,使创新活动不断扩散,既可以及时对其他经济主体进行支持,又可以从制度建设方面营造起良好的氛围,例如政府对文化创新鼓励政策的落实等,均可使景德镇陶瓷产业的发展更加深入,在促进产业升级和发展的同时,也促进着区域与国民经济的可持续发展。

探讨景德镇陶瓷产业创新的内涵,需要充分认识到两个关键问题,即文化创新问题与创新扩散问题。就目前的文化发展而言,多数的创新活动均集中于文化创意领域。景德镇陶瓷产业作为创新的主体不断推动着文化创意领域的进一步发展,并将其创新与研究成果转化为生产力,实现商业化的应用和制造。此外,在不断发展的过程中,文化创新成果与其他产业之间产生交叉与联系,并引发文化变革。而文化变革的出现,势必对产业发展产生深远的影响,进一步推进文化创新成果升级,为发展出更高级的产业系统奠定基础。

选择景德镇陶瓷产业创新能力内涵为参照标准,对景德镇陶瓷产业创新所具备的现实特征进行客观认识,具体为:第一,产业创新系统是景德镇陶瓷产业创新的基础与根本。该系统的核心是景德镇陶瓷产业的文化创新,同时,文化创新也是产业创新中最具备价值与最为活跃的因素。借助传导作用与波及效应,景德镇陶瓷产业的创新势必会对其他相关产业的发展带来一定程度的影响,在创新文化扩散与广泛应用的条件下,提升整个产业系统领域的创新水平。第二,从本质上来看,景德镇陶瓷产业创新的实质在于文化创新与市场创新的有效互动与有机整合。在景德镇陶瓷产业发展过程中,最为关键的因素是文化创新,一旦没有了文化创新,景德镇陶瓷产业创新则会失去动力。然而,如果只有文化创新也并不能够形成景德镇陶瓷产业,还需要借助市场创新发挥市场资源调配作用,通过文化扩散与市场开发形成一定市场规模,方可形成新的景德镇陶瓷产业。在文化创新扩散环节,会逐渐出现产业创新主体群,这些主体群的结构具备多元化与动态性特征,较为典型的主体群包括景德镇陶瓷产业及其相关产业、研究机构、大专院校、政府与金融机构等。第三,景德镇陶瓷产业发展与创新的根本在于先进文化,在于自主创新的文化,在于高层次的文化。

三、景德镇陶瓷产业创新能力的基本问题研究

创新能力中的"能力"一词最初是 20 世纪 50 年代管理理论中能力学派提出的,指的是能够让自身组织比其他组织更为优秀的一种特质。考虑到景德镇陶瓷产业创新并非仅仅关注产业内部层面的创新,还需要关注创新在产业网络中所具备的影响及其对产业结构升级所带来的影响。然而影响程度的高低与持续性仍有待研究,即景德镇陶瓷产业创新能力水平仍有待研究。

在景德镇陶瓷产业领域,动态能力对持续创新有十分重要的推动作用。基于行业的视角来分析,景德镇陶瓷产业发展所面对的环境具备较为鲜明的动荡性特征。相对传统行业而言,其行业的改变周期较长。从产业结构的层面来分析,产业结构升级并非在短时间内可以完成的,其需要一定的时间,通过动态发展、组合与优化方可实现。而提高产业结构升级效率与质量的关键则在于提高产业结构转换能力。从这个层面来考虑,将景德镇陶瓷产业创新与动态能力相结合有助于产业结构升级。依照 Teece 对企业动态能力的划分,动态能力包含三个维度,即学习能力、整合能力与重构能力。将景德镇陶瓷产业创新与动态动力整合,从而构建出景德镇陶瓷产业创新能力,并对这种能力进行类型划分——以创新资源投入产出能力与创新活动转换波及能力为主导,以创新环境影响支撑能力为辅助。

进一步分析,文化创新资源投入产出能力是景德镇陶瓷产业发展的根本源头,是加大创新影响与扩散的基础性能力,同时也是创建支撑环境必不可少的条件,其包含引进文化消化能力与内部创新资源整合能力两大部分。创新活动转化

波及能力则属于创新活动持续发展的基础,是文化创新成果转变为生产力、应用于产业的能力,同时还包括相关产业对其研究成果的吸收能力。这种能力为景德镇陶瓷产业创新提供了物质基础,且通过文化关联带动二次创新,通过持续影响与文化创新扩散推动产业结构升级,并为下一轮文化发展与研究提供基础。创新环境影响支撑能力在整个景德镇陶瓷产业创新活动中发挥着保障性作用,主要表现为景德镇陶瓷产业自身所具备的能力与实力,还包括国家对文化领域的政策与态度等。

在以上分析的基础上,对景德镇陶瓷产业创新能力进行进一步明确,提出具体的定义,即以景德镇陶瓷产业为主体对象,以文化为主要方式带动产业结构优化与升级的能力,而这种景德镇陶瓷产业创新能力是以以上三个维度为基础的。需要特别注意的是,在形成景德镇陶瓷产业创新能力的整个过程中,承担着基础性作用的是文化创新与扩散。这是因为在实际环境中,创新很多时候并非单一企业或单位研究出的成果,而是更多的组织、知识与资源共同作用下的产物。将产业发展与大学 R&D(研究与开发)相结合,形成规模经济,能够提高知识与能力共享性,同时提高创新互动作用。景德镇陶瓷产业创新能力的增强是通过不断积累知识、文化创新传导与反馈、再学习的过程实现的。

景德镇陶瓷产业创新能力从来都不是独立存在的,其必须与一定的产业及机构相结合方可发挥出相应的作用,政府机构、金融机构与社会组织等是引导与推动景德镇陶瓷产业发展的重要力量。在发展景德镇陶瓷产业创新能力的过程中,不能将目光局限于产业自身的创新,还需要充分关注在产业网络中创新是如何扩散、如何传导与如何反馈的,分析在这个过程中其他组织与部门承担的角色与所发挥的作用。

第二节 景德镇陶瓷产业创新能力的进化机理研究

一、景德镇陶瓷产业创新能力进化的基本原理

达尔文的进化论认为,当一种生物在地球上出现以后,随着时间的推移,种族会不断繁衍壮大。在此过程中,为了适应外界环境的变化和提高生存的质量,同时也为了满足种群之间斗争的需要,生物就会从初级向低级,再从低级向高级进化。而它们身体功能的进化和提高,是以牺牲生命作为经验和代价的。群体或因环境,或因种群内部竞争或被其生物种群杀死。根据优胜劣汰的自然发展规律,

凡是打败对方而生存下来的都是对外界环境适应性较强并且在种族内部和种群与种群之间的斗争中取胜的。有些生物种群由于进化较为低级和落后,自身没有足够的抵御和反抗能力,而成为众多对手的食物,这个生物种群就会逐渐变小,直至消亡。这一过程符合"自然选择、适者生存"自然界生物演变规律。生物最基本的组成部分是单细胞,单细胞经过裂变和组合,又形成基本的生物功能器官,再由这些器官组成具有系统性功能的生物体。从理论上来说,生物体的功能的形成是基于外界环境的压力,但如果在形成的过程中,生物本身与外界环境是矛盾的和对抗的,那么这个生物体的系统功能组合就不可能成功,新的生物体也不会产生。人类社会产生以后,生物学家开始对自然界的进化演变规律进行研究。在科学设备和技术的支持下,生物学家最终发现生物体遗传的基本单位是基因。单体基因的本身特异性决定生物体功能的属性,多基因组合又构成生物体精炼的多样性,并由此形成更加复杂的生物体结构特征。从本质上讲,在组成生物的分子中,有一部分含有特定的遗传信息,生物学家将含有这部分遗传信息的片段称为基因。基因的主要载体是染色体。孟德尔和摩根的遗传学理论指出,在生物体的每个细胞中,遗传物质如同一种指令密码,在染色体中以基因的形式在细胞中存在。基因所处位置的不同,决定和控制生物某些特征的功能也不同。并且这些基因在组合之后,对个体和环境表现出不同的适应度。基因突变和杂交是在环境的影响下,产生的一种新的可能性。所以基因突变和杂交所产生的后代对环境的适应性发生变化。按照优胜劣汰的自然法则,适应性变强的物种就比未经杂交和突变的生物种有更强的生命力,后者在种群的竞争中就会被逐步淘汰。在经过几代的繁衍之后,这种适应程度高的基因,就得以保存下来,形成稳定的基因链条。这种经典的遗传学染色体理论客观反映了生物体的遗传和演变规律。现代遗传学在此基础上,进一步对基因的结构、功能、本质、样式和调控方法进行了深入细致的探讨研究,在生物体的一般工程领域,另辟蹊径并取得新的成果。

与自然界生物体生长演变规律类似,在经济发展的大环境中,景德镇陶瓷产业也可以看作一个生命体,其资产规模、经营范围、所掌握的生产技术、所占有的市场份额等决定了其本身属性。其对经济大环境的适应能力及竞争对手的竞争能力,决定了其在市场上的存活能力。生物体在进化的过程中,一直保持由初级到低级,再由低级到高级的进化方向。生物体的这一自然属性是由外界环境以及生物体自身对能量利用和需求的实际情况决定的。同样,景德镇陶瓷产业作为一个类似于自然界生物体的经济界的生命体,其创新能力进化和发展也具有很强的方向性。在发展壮大产业创新能力的过程中,首先要了解宏观环境对其制定的规则,在严格的规则限定之下,通过组织架构优化、经营战略的调整来不断提升自身参与市场竞争的能力,增强产业创新能力以及对宏观环境和市场环境的适应性。

景德镇陶瓷产业的发展壮大主要体现在景德镇陶瓷产业资产规模的扩张、经营范围的扩大、组织结构的复杂化、景德镇陶瓷产业内成员组织分工的明细化。对于景德镇陶瓷产业在内部做出的调整和改变，其方向都在于努力提高对外界资源利用的效率和提高自身在经济大环境中的生命力和竞争力。

景德镇陶瓷产业规模的扩大不是无止境的，必须与其获取和利用资源的能力相匹配，两者是平衡的。只有在两者平衡的条件下，景德镇陶瓷产业的经营成本才会趋于合理化，景德镇陶瓷产业追求的低投入、高产出的经营目标才能实现，景德镇陶瓷产业对宏观经济环境和市场竞争环境的适应性才会增强。在很大程度上，景德镇陶瓷产业创新能力进化的规律是由景德镇陶瓷产业与环境的关系决定的。景德镇陶瓷产业发展壮大的过程，实际上也是一个景德镇陶瓷产业适应环境、发展壮大，然后再通过自身影响改变环境的过程，这类似于生物体由低级向高级进化的过程。

所谓景德镇陶瓷产业创新能力对环境的适应性，主要指是景德镇陶瓷产业与外部环境和相关对象之间的互动过程。这些对象包括国家政府、金融部门、商业监管部门、竞争对手以及客户群体等。景德镇陶瓷产业机体也只有与这些对象持续进行复杂而有序的交互作用，才能继续生存下来。因此，越是环境适应性强的产业，越有可能获得进化的机会。

一个系统完整的有机体在之后的经济活动中会运行得更加稳定。但有时候这个过程是较为复杂的，例如当产业所拥有的生产技术管理模式与环境产生冲突时，还要经历一个自我修复和调整的过程。而在此过程中，对于要解决的某一个问题，景德镇陶瓷产业会反复地进行反馈和落实，并基于环境适应型的要求而作出系统结构的改变。

景德镇陶瓷产业创新能力进化的动力来源于对外界环境各个因素的获取和转化。这种转化是主动的，是有目的性的，也是有意识的，转化后这些因素就能转变为景德镇陶瓷产业发展和前进的动力并作用于产业中的各个系统。而在景德镇陶瓷产业创新能力进化的过程中，文化、产业结构、参与市场竞争的能力自始至终贯穿其中。产业的新老思想发生冲突、发展和经营理念发生变化、观念体系发生变革都是内部自我调整和演变的过程。因此，景德镇陶瓷产业创新能力的进化模式，是显性进化与隐形进化交替作用和相互统一的过程。

二、景德镇陶瓷产业创新能力进化的含义和特征

1. 景德镇陶瓷产业进化创新能力的含义

"适者生存，市场选择"基本上是对景德镇陶瓷产业与环境之间的复杂关系的

写照。产业如果要生存和发展,必须以适应环境为前提,而不是改变环境。通过适应环境的变化来获取自身发展所需要的社会资源,是一个产业健康发展的必由之路,这与自然界生物体的生长演变规律是一致的。一个初级的生物体进化为具有复杂系统的高级生物体,其生物系统的结构、行为方式和生理过程变化都是以适应外界环境为前提的。适者生存,对于生物体而言是适应环境而改变自身、使自身进化,对于景德镇陶瓷产业而言而是适应经济发展的宏观环境和市场竞争环境。因此,适应性是景德镇陶瓷产业进化的最本质属性。景德镇陶瓷产业对环境的适应能力的大小,决定了其创新能力进化的过程是否顺利,反过来讲,景德镇陶瓷产业的创新能力进化状况能反映出文化产业与环境之间的关系。

纵观景德镇陶瓷产业整个进化过程,产业的变革进化是景德镇陶瓷产业种群由微小到庞大的积累过程,积累到一定数量时就由量变改为质变。从产业种群的角度分析,产业的创新能力进化可以定义为适应环境获取社会资源并取得市场竞争优势的能力。在此过程中,产业与环境之间进行着丰富的交互活动,在环境的变化中产业及时对内部包括组织结构、经营方略、管理模式等方面进行调整以增加对外界环境的适应性。基于所获取社会资源的有限性,产业之间形成了关于资源的竞争局势。相比较而言,若产业能够以较低成本获得较多资源,说明其创新能力进化较强,反之则说明其创新能力进化较弱。

2. 景德镇陶瓷产业创新能力进化的特征

(1) 创新能力进化的动态性。

造成景德镇陶瓷产业创新能力进化存在差异的因素有很多。即使在相同的环境下,同类产业自身系统结构不同,也会造成其创新能力进化的差异。即使是产业系统结构相同,采用了不同的发展战略同样会造成创新能力进化的差异。另外,产业所处的环境不是一成不变的,外界环境的变化必然会使得产业为适应环境而作出系统调整等改变,由此也会造成创新能力进化的差异。所以说创新能力进化具有动态性。

(2) 创新能力进化的价值性。

基于产业所处环境的复杂性和多变性,景德镇陶瓷产业对环境的适应性是考量其创新能力进化的标准之一。景德镇陶瓷产业若要生存和进化,则必须保持对环境的适应性,而与适应性所对应的创新能力进化则通过产业的适应能力体现自身价值。在复杂多变的外界环境中,产业第一要务是保持适应性,而不是实现利润最大化。因此,产业最重要的能力就是创新能力进化。

(3) 创新能力进化的历史性。

景德镇陶瓷产业的创新能力进化不是与生俱来的,而是在进化过程中由少到多不断积累而成的,通过文化产业在历史发展过程中积累的经验和知识来体现,并具有仅适用于其自身的特征属性,具有不可逆性,并且其他产业无法学习和模仿。

三、景德镇陶瓷产业创新能力进化的影响因素

1. 结构因素

景德镇陶瓷产业本身所具有的治理结构、资本结构、组织结构、技术结构、人才结构等,间接影响着景德镇陶瓷产业创新能力的成长。产业的治理结构健全且规范,就有可能避免很多决策和运营失误;产业的组织架构灵活,就能保证运营效率;产业的资本结构合理,就能保证资金流转顺畅,在财务运作上不出现问题;技术是景德镇陶瓷产业发展的第一生命力,产业拥有独特的核心技术资源和稳健的技术结构,就能使产业保持旺盛的创新力;人才是产业发展的根本,健全的人才结构能够使产业保持旺盛的生命力,实现可持续发展。

2. 能力因素

创新资源投入产出能力是创新能力进化的根本源头,是创新影响与扩散的基础性能力,同时也是创建创新环境必不可少的条件。另外,创新活动转化扩散能力则属于创新活动持续发展的基础,是应用于产业的能力,为能力进化提供了物质基础。景德镇陶瓷产业创新能力的进化是通过不断积累知识、传导与反馈文化创新、再学习的过程实现的。

3. 文化因素

文化是景德镇陶瓷产业的灵魂。景德镇陶瓷产业发展目标的统一性和一致性要靠文化来凝聚,同时文化还赋予产业成员团结一心、不畏困难、奋发向上的生命力和战斗力,而这些能力集中作用在产业对环境的适应能力上。适应能力的提高使产业在市场的竞争中能够打败对手取得优势;相反,消极、机械的文化不利于产业基于提高环境适应能力和创新能力,最终会被市场淘汰。

结构、能力和文化三种基本因素,共同构成了景德镇陶瓷产业对环境的适应力,影响着景德镇陶瓷产业创新能力。产业和种群各自对环境的适应能力,决定了其吸收有效环境信息、向市场提供产品和服务并被市场认可和消费群体接受的程度。产业对市场的占有率反映了其对环境的适应度,并可由此产生对产业创新能力进化状况的判断。

第三节　景德镇陶瓷产业创新能力的进化路径研究

一、景德镇陶瓷产业创新能力进化的特点

1. 以进化的陶瓷文化产业创新能力为基础的发展模型

以陶瓷文化产业创新能力的生物本质为基础,探究陶瓷文化产业创新生态链的深层含义和创新能力进化的生物基因联合结构,主要研发内容有基因、技术 DNA 分子、进化与变异选择、染色体进化等。同时进一步研究与其关系密切的内部结构、功能和特征,并涉及各因素间的相关机理与方位特点,基于进化原理形成系统的陶瓷文化产业研究机制。

2. 陶瓷文化产业创新能力进化的进化机制

由于创新具有生物学特点,其创新的过程及结果十分依赖于陶瓷文化产业的内外环境因素。所以应该把陶瓷文化产业创新的产生机理、影响因素、优势来源作为研究重点,从而引申出创新进化的动力机理并构建系统的创新能力进化机制。

3. 以进化的陶瓷文化产业创新能力为基础的保障机制

生物的进化过程离不开特定的生态环境,所以首先以技术的良性基因为突破口,研究其促进能力进化的因素,如对基因序列、变异选择的研究等。研究的内容具体包括两个方面:一是陶瓷文化产业的知识产权主体,尤其是主体间的基因差异、变异进化特点以及基因的复制与转化过程;二是环境内外的因素,如政策、制度、资金、设备、场地、人才等相关要素。

4. 以进化的陶瓷文化产业创新能力为基础的优化途径

关于优化途径的研究应采用多种研究方法来进行,把理论研究与实地调查、产业案例分析结合起来,在进化原理的基础上,探寻陶瓷文化产业创新的优化配置途径。详细地说,也就是两个方面的优化:一是对陶瓷文化产业外部宏观环境进行优化,如政策上的支持、经济上的发展、文化上的传承等条件;二是对陶瓷文化产业内部微观环境进行优化,如对政策、制度、资金、设备、场地、人才等要素的充分优化。双管齐下从而为创新活动中高含金量的创新提供资源保障。

二、景德镇陶瓷产业创新能力进化的生态环境

近些年,越来越多的学者对陶瓷文化产业进行了研究,随着人们对陶瓷文化产业的认识不断加深,对于其发展过程中的一些问题如生态环境进一步恶化、信用危机、创新缺乏次序、竞争欠公平以及产业的竞争力滑坡等有了全面了解。面对这些问题,人们在规划陶瓷文化产业的发展方向时就必须把维护生态平衡作为参考依据。这里以生态经济理论为基础依据,把"创新"和"生态环境"两者有机结合进行对比研究。

诸多学者对创新能力生态环境研究的角度不同、侧重点不同,所以对创新生态环境的定义存在较大差异。有学者把创新生态环境定义为"创新网络系统""有机整体"或者是"技术创新体系"等,这些称谓存在一定的片面性,它们没有抓住这个体系的本质特征,也就是生态学特征。生态环境是一个有机整体,对其概念下定义需要从多个角度出发,尤其是从生态环境的生物构成成分出发,理清该系统的生物构成成分特点及各成分相互间的关系,这样对"生态环境"的定义才是全面的、合理的。

在对已有研究结论进行总结,以及对生态环境理论的充分理解的基础上,这里对陶瓷文化产业创新能力生态环境有了新的定义:在一定的地区范围内和以陶瓷文化产业为目标而汇聚在一起的各种创新组织,为了达成共同的目的,相互间团结协作,同时与其他相关环境密切配合,实现资金、知识和人才的充分利用和共享,构建一个功能完善、结构固定、空间独立的创新能力动态平衡体系,这就是所谓的陶瓷文化产业创新能力生态环境。

通过这一定义我们认识到,所谓创新能力生态环境其实就是指创新组织的内部成员和与其有关联的外部环境,在特定的平台里,互相影响、相互促进,同时通过这个特定的平台实现资源的循环使用、信息的共享和知识的转移,在完成创新的过程中使组织与其他组织的联系更加密切,在资源共享互换的基础上进一步形成更高层次的系统化和网络化的新组织模式。

创新能力生态环境的创建意在化解陶瓷文化产业在创新环境下存在的弊端,即影响创新发展的不利因素、创新组织的创新能力低下、创新资源不足等相互间的矛盾,引导创新组织充分利用外部环境的创新资源实现创新技术的完善,从而实现创新目标。另外,创建创新能力生态环境还可以增强陶瓷文化产业创新网络的抗风险能力,以及提高在外部的竞争能力,实现创新组织各成员的互利共赢。

三、景德镇陶瓷产业创新能力进化的创新主体

参加陶瓷文化产业创新活动的各个成员都是创新主体。所谓创新主体就是指具备创新能力同时参与组织创新活动的行为人或者社会团体。就其范畴而言,创新主体的特点可以归纳为以下四点:一是具有创新活动的决策权;二是具备组织创新活动的能力;三是具备承担创新活动和风险的能力;四是可以拥有创新活动的收入。创新同时也分为知识创新、制度创新和技术创新。教育机构和科研机构是知识创新的主体,政府是制度创新的主体,产业是技术创新的主体。总之,创新涉及的范围广,组织创新的主体呈现多元化,所以我们在区分创新主体时应从不同的角度出发。创新主体从不同的角度有不同的分法,从创新活动的开展所采用的形式来看,创新主体可以划分为国家主体、群体主体和个体主体;从创新活动的创新内容来看,创新主体可以划分为制度创新主体、文化创新主体、理论创新主体等。不同的创新主体,要求具备不一样的素质,而创新素质的高低决定了创新能力的大小。因此,要提高创新能力必须提升创新主体及主体的素质。

综上所述可知,政府、教育机构、科研机构、产业、中介机构等构成了陶瓷文化产业创新能力的基本主体,通过陶瓷文化产业这个平台,主体实现了对资金流、知识流、信息流的共享和利用,并进一步促进了陶瓷文化产业创新能力的发展。

政府和各相关机构等创新主体在陶瓷文化产业这个平台上发挥了各自的优势,与创新各主体形成长期的合作、沟通,共同促进了陶瓷文化产业创新能力的发展。

1. 政府——制度创新主体

在创新活动中政府的职能是提供资金援助和政策支持以促进其他创新主体创新活动的开展。由于我国创新市场机制还不完善,因此在陶瓷文化产业创新活动中需要政府发挥它的主导作用,给创新活动提供全方位的支持,包括法律政策和资源环境方面的支持。政府应该充分了解自己的职能,把自身的主导作用尽最大可能发挥出来,制定相关制度并实行监督职能,同时做好宏观调控,提供资金帮助和活动指导,为创新人员和创新活动提供保障等。另外,在陶瓷文化产业发展前期,政府作为创新的核心主体更应该积极投入创新活动之中。

2. 陶瓷文化产业——创新主体

产业贯穿于创新的整个活动过程。陶瓷文化产业的主要职能是提供资金和创新技术,是技术创新的构成主体。同一行业的众多陶瓷文化企业形成了陶瓷文化产业体系,它们以营利为目的,各自组织生产经营活动,能承担各种市场风险并且具备自主创新能力。企业从维护自身利益出发对创新市场做深入研究,根据实

际情况进行创新,利用健全的营销体系实现创新从而获得更多的收益。

3. 大学等科研机构——原始创新主体

大学等科研机构为创新活动提供了人才和技术支持。大学的首要职能是传授知识和培养人才,其次是进行科学研究。因此,大学开发、传授、运用新知识和新技术,直接参与创新活动,在整个产业创新生态环境中发挥着巨大的作用。由此可见,大学是创新的源泉。在陶瓷文化产业创新生态环境中,它提供了知识、人才和技术支持。同样,科研机构也是创新研究的主要力量。

4. 创新中介机构——创新服务主体

中介机构在创新活动中的主要职能是为各创新主体传递信息和提供中介业务。中介机构是创新提供方和创新使用方的桥梁和纽带,它以中间人的身份为创新主体提供专业的创新咨询服务。在创新生态环境中,中介机构有其特殊的作用,承担着创新的整合和发展,以及促进主体间的有效沟通,使创新得到更快、更好的传播,以及可以快速转化创新成果。中介机构在创新活动中主要有以下两种形式。

一种是公共服务机构。它的组成部分是多样的,最有代表性的是人才市场、事务所、创新市场等。公共服务机构的职责是给各种活动提供所需资源,人才市场主要职能是为创新活动提供所需人才,使人才得到合理配置。各种事务所的主要职能就是为创新活动提供各种相关信息的咨询服务。创新市场主要是为信息交换搭建平台,为创新做宣传,并使用和转化创新成果,可以进一步提高创新效率。

另一种是代理机构。该机构是创新行业协会为了促进各种会议和在创新活动中人员间的沟通与交流而构建的。这种代理机构凭借地理位置上的优势,很好地为创新人员提供了交流平台,使其交流的次数和频率增加,使创新信息得到更好的宣传和使用,更难得的是没有编码的创新信息也得到了分享。

5. 金融机构——创新投入主体

金融机构最大的职能就是为陶瓷文化产业提供大量资金。在现代经济活动中,金融是中坚力量,各种产业集群的发展和技术的创新都需要它的参与。金融市场环境的稳定会促进产业的快速发展,并为创新能力的提升提供保障。如果说创新技术好比陶瓷文化产业的心脏,那金融就应该是陶瓷文化产业的血液,支撑着创新的生命。实现科技和金融的有机结合,可以为陶瓷文化产业提供一个良性的循环体系。金融机构构成了陶瓷文化产业创新生态环境中的重要组成成分,为生态环境提供了不可或缺的资金和物质支持。

四、景德镇陶瓷产业创新能力进化的路径

景德镇陶瓷产业创新能力进化的价值主要反映在两个方面,即提高了创新人才的收入水平和降低了活动的成本。产品和服务的质量越高,产品创新越有新意、服务品质越有保证,自然创新人才的收入就会越高。另外,景德镇陶瓷产业的价值通过产品所蕴含的文化内涵、文化立场和文化情怀等体现出来。创新产品就是创新生产者把创新和文化有机结合起来,最终满足创新购买者的文化需求。

景德镇陶瓷产业创新能力的价值还包括:规章制度的建立、管理体制的完善、学习能力的培养、产业文化的塑造、市场机制的形成、提升购买者认可程度等。其中提升购买者的认可程度,即创新产品在购买者心中的地位。在创新能力进化中,创新人才的生存和发展都受其影响。

进化的主要路径有三条:一是在创新人才对创新产品进行生产、加工、传递和利用的过程中自然产生,不需要人为地加以干涉。二是对价值在创新人才之间的分配进行调节,使其更合理。经济价值在调节分配中得到了真正体现。往往经济价值在初次分配时倾向于效率而往往缺乏公平性,只有通过调节,创新能力进化才能沿着优化的方向发展。三是创新人才之间为了维护共同的利益而创建出共享的机制和手段。

在创新经济发展时期,产业以资本、劳动力、技术为基本生产要素,同时也需要创新要素参与生产。景德镇陶瓷产业发展的空间是巨大的。创新能力进化的关键是创新人才,要发挥创新人才的主导作用,科学合理地管理整个流程,使创新及创新产品能沿着正常的轨道流动和发展。政府以及市场要发挥出各自的优势和职能使价值得到科学合理的分配,使陶瓷文化产业得到最大的利益,从而促进景德镇陶瓷产业的不断发展。

第四节 进化生物学视角下的景德镇陶瓷产业创新能力演化研究

一、景德镇陶瓷产业创新能力的进化过程及特征

依照达尔文的进化论来看,无论是哪一物种,从其诞生那刻开始,就进入了漫长的进化过程。生物的种群从低级、简单发展为高级、复杂。无论哪一物种,要想

求得生存,就必须展开争斗。这种争斗存在于三个层面:种群的内部、生物个体彼此之间、生物和自然界环境。生存力强的生物获得的生存机会较大,而且具备繁衍更多后代的机会。而那些生存力较为低下的个体,则不易存活,也很难进行后代的繁衍,因此最终会消失。这一过程被达尔文归结为:自然选择、适者生存。通常来说,景德镇陶瓷产业创新能力的进化可以看成景德镇陶瓷产业创新活动在适应环境改变时,为获得生存和发展,所产生的所有相对稳定的变动过程,以及其导致的结果。这里所说的进化包含四个层面:

(1) 个体能力创新与景德镇陶瓷产业创新是不对等的,因此,景德镇陶瓷产业的创新也并不等同于景德镇陶瓷产业创新能力进化。只有景德镇陶瓷产业与个体能力创新在目标上一致,才会变成景德镇陶瓷产业创新。并且只有市场认可了景德镇陶瓷产业的这种创新之后,才可能使景德镇陶瓷产业创新能力获得进化。

(2) 景德镇陶瓷产业创新能力进化并非静态,而是动态的,其发展、演化、创新等都十分稳定。正是因为这些过程不断累积,才形成了进化。

(3) 景德镇陶瓷产业创新辐射是其创新能力进化的诱因。与生物进化一样,景德镇陶瓷产业创新能力进化同样不是只关注景德镇陶瓷产业个体能力的发展情况,而是注重能力群体的发展或者是能力遗传类型获得进展或出现平稳的变化。

(4) 景德镇陶瓷产业创新能力进化,代表着某时段的能力成效。相比较来看,部分景德镇陶瓷产业创新能力进化水平要高于其他景德镇陶瓷产业。这就表示,该景德镇陶瓷产业具备与环境更相匹配的体系,并且趋于最大自由能和最小熵形态。

另外,从景德镇陶瓷产业层面来说,其创新能力进化呈现出下列四大特性:

(1) 景德镇陶瓷产业创新能力进化从偶然和必然转变成为主动。

伴随社会发展的推进以及激烈的市场竞争,景德镇陶瓷产业创新的意愿、规划、标准等逐步上升。但是,当前创新所具有的知识、方式不能有效适应这种环境,因此,由此展开的创新行为通常都带有尝试性。这种非线性的创新活动,具有较大程度的随机性质以及偶然性。景德镇陶瓷产业凭借学习,最大幅度地制造条件,以此降低创新随机性、盲目性出现的比率,进一步提升创新自主性以及成功比率。而这些也是进化进程中能动性和有意识的体现。

(2) 景德镇陶瓷产业创新能力进化中媒介的外在性。

从整体层面分析,相比于生物的进化,景德镇陶瓷产业在其创新的进化过程中的媒介都具备外在性的特征。创新能力进化的媒介,是各种非物质介质,如知识、经验、信息等,但绝对不是封闭地存在于某个个体或多个个体之中,而是活动和作用在人的脑神经之中,并且最终游离到人体外部。因此,其在景德镇陶瓷产业内部或外部,都能展开全层面的、自由的扩散和交流。

(3) 创新模式的进化是景德镇陶瓷产业创新能力进化的最终体现。

无论是生物进化,抑或是景德镇陶瓷产业创新能力进化,都是与热力学第二定律相反的,都是为了提升其获取以及运用资源的水平。但是相比较来看,生物的进化只是单纯地适应环境,对环境的依赖程度较高。从本质上来说,生物进化是由原有的物种演化成为一种新物种的过程,但是,景德镇陶瓷产业创新能力进化则是由传统模式转变成全新模式的过程,它是景德镇陶瓷产业组构、技术、文化等要素的整合。与其他产业的不同之处在于,景德镇陶瓷产业不但要将获取和运用创新资源的水平体现出来,而且要作为社会经济体系中的因素,促进创新要素彼此协同演变。

(4) 进化的关键在于由组构、功用转化成创意。

从本质上来看,所有生物有机体存活进化的前提保障和最后归宿,都是组构与功用彼此配合所获得的。从生物进化的组构和功用来看,景德镇陶瓷产业创新能力进化更能彰显自己发展关键性的内容——创意。具体来说,创意是社会共享的人类知识,以及客观现象中归结出的各类创新概念的总和,抑或是在某一时期个体或者是社会所知道的全部事实和理念的总和。因为创意具备容易传导和排他的特质,所以在创新进化进程中,创意工作的地位越来越重要。具备完善的创意体系不但可以促使景德镇陶瓷产业生存力、竞争力得到有效提升,同时也能促使景德镇陶瓷产业生存环境得到有效改善。因此,景德镇陶瓷产业在其全部的创新能力进化过程中,已经将创意的转化看作一个关键的主题。

二、景德镇陶瓷产业创新能力的进化机制

由于景德镇陶瓷产业自身的特殊性,景德镇陶瓷产业创新能力进化的动力是多方面的,可能是技术推荐,也可能是市场拉动。但无论是哪类情况,都要归结到市场机会的创新、判别和运用上。景德镇陶瓷产业要促使自身创新能力的成长和进化,就必须不断超越单个产品的创新周期。

在不同的创新周期中,创意产品的获益能力是有差异的,所以也会存在各类创新方式、创新规划、创新人力资源。创新产品具备市场机会,这是景德镇陶瓷产业进行创新活动并向市场推出新产品的前提所在。简单来说,就是这种产品是有市场需求的,并且需求与市场机会是成正比的。景德镇陶瓷产业可以凭借各类创新形式获取市场效益,但市场机会各不相同。因此,景德镇陶瓷产业又可以根据市场机会划分成制造市场机会的产业和运用市场机会的产业。制造市场机会的景德镇陶瓷产业,是最早推出新产品的直接创新的景德镇陶瓷产业,这类景德镇

陶瓷产业获取的市场效益是最大的。运用机会的景德镇陶瓷产业,则是新产品推出之后凭借自身开发、合伙开发、购买产品科技或技术,向市场提供产品的景德镇陶瓷产业。这类景德镇陶瓷产业一样可以获取市场机会效益。实际上,这类产业大多数就是跟随者。

1. 景德镇陶瓷产业创新能力进化的一般牵引机制

景德镇陶瓷产业在创新产品的生产、加工、销售的过程中谋取利润,超额利润的获得是社会主义市场经济体制下景德镇陶瓷产业经营过程中产品具有市场机遇的重要表现。景德镇陶瓷产业在不断发展壮大的过程中逐渐使得盈利扩大化。在把握景德镇陶瓷产业创新产品的市场机会时需要注意以下几方面的因素:

第一,景德镇陶瓷产业若想创造创新产品的市场机会,在同类产业中脱颖而出,必须注重自身创新产品核心竞争力的提升和创新产品市场的不断开发和拓展。第二,在具备足够市场机会后,着力加强景德镇陶瓷产业的生产能力,根据消费者的需求不断创新产品,以此来获取产品的超额利润。第三,景德镇陶瓷产业应该具有较强的市场机会的挖掘能力,充分把握好可能带来收益的消费市场,在产品的创新过程中有较强针对性,力求可以较好地满足市场需要。第四,景德镇陶瓷产业的创新人才培养和人才管理也十分重要,它直接决定着景德镇陶瓷产业产品是否可以获得市场机会。

2. 景德镇陶瓷产业创新能力牵引循环的耗散结构

景德镇陶瓷产业所处的社会环境和行业环境都影响着企业创新方向的选择,运用牵引循环系统的耗散结构来分析景德镇陶瓷产业创新发展战略的可行性成为景德镇陶瓷产业运作过程中谋求创新发展的题中之义。如果可以将市场上供不应求的同类产品加以筛选并创新,通过景德镇陶瓷产业的自身创新实力即可有效地把握市场机会;又或是景德镇陶瓷产业自身实力较强,可以在发现市场机会时及时引进相关创新人才,也可以帮助企业赢得市场机会。创新人力资源管理理应迎合市场的需要,重视人才的培养和引进,也注意淘汰一些不能适应企业体制或市场需求的创新人员,从而才能维持其正常、高效运转。高素质创新人才的引进使景德镇陶瓷产业的创新文化理念和技术理念都不断得到创新,他们在创新产品的过程中取其精华、去其糟粕,将高水平的创意手段运用到平时的创新、生产和销售过程中,摒弃不能适应新潮流的过时创意,使得创意产品在更新换代的过程中为景德镇陶瓷产业赢得固定的消费群体,不断构建一个开放包容的创新和生产系统。

创新人才的利用和管理、产品的创新和制造彼此依存并相互影响。景德镇陶瓷产业的平衡有序运转离不开不断完善的人力资源系统和产品创新系统,景德镇陶瓷产业创新运行机制也随着人才和产品的更新换代而不断发展。在这样的过程中,若景德镇陶瓷产业创新偏离了现有的稳定状态,则呈现出耗散结构,就会将景德镇陶瓷产业的无序和散乱暴露无遗。这种不稳定的景德镇陶瓷产业创新状态使景德镇陶瓷产业的运行过程将要消耗掉更多的创新协调和组织的成本。只有当景德镇陶瓷产业获得的利润可以充分填补增多的组织协调成本时,景德镇陶瓷产业才能成长和发展。若出现经营利润不能完全填补景德镇陶瓷产业创新成本时,景德镇陶瓷产业创新资本的积累就只能相对停滞,或者只能借助其他方式的融资来对景德镇陶瓷产业的创新发展所需的资金链进行维护。

景德镇陶瓷产业创新部门之间要相互协调,只有它们之间形成一种相互配合并相互约束的非线性关系时,景德镇陶瓷产业创新运行机制才能不断地进步,推动景德镇陶瓷产业的发展。其能力差异若比景德镇陶瓷产业创新变化的临界值更高一些,也就意味着景德镇陶瓷产业之间形成了非平衡的突变,将会迎来景德镇陶瓷产业较大的创新变革,走向新的成长状态。创新运行机制的变化使景德镇陶瓷产业从混沌、无序的状态中摆脱出来,走向一种新的蓬勃发展态势。与此同时,当景德镇陶瓷产业创新运行过程中出现不规则、突然的低序涨落,景德镇陶瓷产业的创新运行和管理的过程就会出现更加混乱的状况,甚至可能不会正常运作,直至景德镇陶瓷产业内企业陆续破产。

3. 景德镇陶瓷产业创新能力的超循环分析

(1) 创新人力资源系统的反应与催化循环。

景德镇陶瓷产业创新不断发展和壮大的过程就是我们所说的景德镇陶瓷产业创新进化。从达尔文提出的进化论到德弗里斯提出的突变论再到艾根提出的超循环论等,许多进化理论都对我们的进化分析产生了十分有益的影响,也为我们解释景德镇陶瓷产业的创新、快速成长提供了新的帮助和切入点。

景德镇陶瓷产业从新产品的创新到生产、人才的引进再到管理的过程都是开放的过程,其更新换代的循环过程也就可以看作我们常常提到的生物进化过程中的新陈代谢、自我再生。例如,在景德镇陶瓷产业创新过程中,产品不断地创新,技术也不断地变化,必然就会对部分员工有所取舍,有的员工的创新技术已经不能适应新产品需要,新的科技需要更加高素质的技术人才,这样的人才流动就是人力资源系统的新陈代谢。

除此之外,我们探讨的市场上的优秀人才流入景德镇陶瓷产业,一般是因为景德镇陶瓷产业的规模和吸引力等。这种双向选择也是基于景德镇陶瓷产业在创新运行过程中产生的催化作用。景德镇陶瓷产业创新运作机制的优化会使景德镇陶瓷产业可以抓住较多的市场机会,从而在吸引人才的过程中牵引优秀人才,使得他们主动求职,供景德镇陶瓷产业进行选择,以开发更多的市场机会,这样的过程就是人才流动的催化循环(见图 2-1)。人才流入也会促使原有的职工和景德镇陶瓷产业外部人员之间的相互协调,不断提高景德镇陶瓷产业创新人才的素质层次,使景德镇陶瓷产业的人力资源系统表现出较高的组织水平。

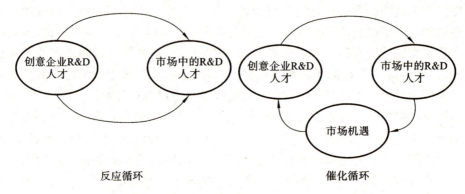

图 2-1 人力资源系统的反应与催化循环

(2) 创新产品系统的反应与催化循环。

景德镇陶瓷产业在产品的创新过程中首先应该针对消费者的需求,通过系列创新目标的实现、创意概念的统计和创新团队的不断努力,形成新的创意产品。在这个过程中,创意开发技术人员和技术设备相当于生物学中的催化酶,通过一些基础生产材料和零部件的输入,在创意产品系统的反应循环中实现新产品的出现。产品从创新初期思路的确立到创新后期的继承和创新,创新工作的步骤环环相扣,对景德镇陶瓷产业员工的创意水平和创意经验都有着较高的要求。每一项产品的创新过程都不是一蹴而就的,要通过长期的积累和酝酿才能达成目标并投入生产。这种创新产品系统中的催化循环就描述了产品从初期规划到后期攻坚再到生产的不断循环积累,从而使景德镇陶瓷产业员工的经验更丰富,创意水平更高。如此循环往复,能不断提升景德镇陶瓷产业产品创新水平。

(3) 超循环分析。

景德镇陶瓷企业中,从产品的创新部门到生产的流水车间,从人力资源管理部门到后勤保障部门,各个部门之间都相互联系并相互支持和催化,为景德镇陶瓷产业创新良性循环贡献了力量。人才管理过程中的有效循环,使得景德镇陶瓷产业对各类创意人才和管理人才的培养和管理过程都被不断催化,吸引到更多拥有高水平、新创意的人才的加入,推动了创新部门的整体水平的提升。与此同时,通过催化循环加入景德镇陶瓷产业的员工们,在后期会直接影响景德镇陶瓷产业创新运行机制。因此,我们要通过不断调整相关的机构和部门,有针对性地因人而异、因部门而异地实施可行性管理,将这些优质人才融合到景德镇陶瓷产业创新过程中,推动创新系统的良性循环。创新系统的良性循环,可以引导出新的创意技术和技能;更高端的技术和技能又能对创意产品的生产系统产生重要影响,使创意产品的工艺规制得到不断改进,促进着整个景德镇陶瓷产业创新能力的不断进步和发展。景德镇陶瓷产业创新运行过程中机制的完善更是带来了产品系统的螺旋式上升。

在景德镇陶瓷产业创新过程中,景德镇陶瓷产业还须注意市场营销活动,只有将创意产品有效地推向市场,获得消费者的肯定,才有可能牵引出更多的市场机会。市场机会的增多又会使景德镇陶瓷产业对人才的吸引力增强,优质人才会因为景德镇陶瓷产业的品牌效应慕名而来,另一个牵引循环又得以形成。市场机会的开拓和挖掘、产品的研制和生产、创新人才的引进和培养之间都是循环往复的运动过程,三者的相辅相成构成了景德镇陶瓷产业创新快速成长的超循环,如图2-2所示。

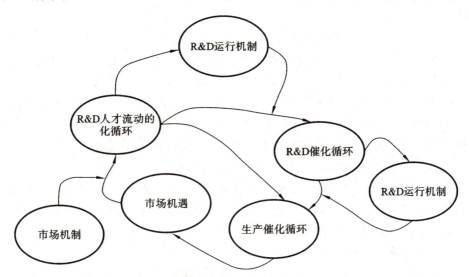

图2-2　景德镇陶瓷产业创新快速成长的超循环

三、景德镇陶瓷产业创新能力的自我进化博弈

自我进化是景德镇陶瓷产业创新形成的一种方式,即景德镇陶瓷产业的创意创新合作活动在一定条件下,经过一定时期不断进化而逐步演变出景德镇陶瓷产业创新能力的过程。

1. 进化博弈引入的必要性

传统博弈论则常常假定参与人是完全理性的,它不仅要求行为主体始终具有在确定和非确定性环境中追求自身利益最大化的判断和决策能力,还要求他们具有在存在交互作用的博弈环境中做出完美判断和预测的能力;不仅要求人们自身有完美的理性，还要求人们相互信任对方的理性，有共同的理性知识。因此，当运用传统的博弈论的完全理性来研究知识合作的有限理性，并将博弈规则简单化和抽象化，将每一次博弈视为一个孤立的行为来看待，完全忽视了相似博弈间的交互影响作用时，矛盾就出现了。

而在进化博弈理论中，参与人既可以通过自己的经验直接获得决策信息，也可以通过观察在相似环境中其他参与人的决策并模仿而间接地获得决策信息，还可以通过观察博弈的历史而从群体分布中获得决策信息。进化博弈强调的是，在有限理性条件下，博弈方之间的策略均衡往往是学习调整的结果而不是一次性选择的结果。有限理性博弈的复制动态机制是对完全理性博弈纳什均衡分析的支持，复制动态和进化稳定策略是有限理性博弈或者说进化博弈论的两个较重要的基本概念。

从传统博弈和进化博弈的假设与过程来看，我们可以看出，由于景德镇陶瓷产业的特殊创新方式，采用进化博弈的理论来分析其创新能力的自我形成更为合适。本研究将采用与创新能力形成过程相似的学习速度较慢的大群体反复博弈——复制动态进化博弈来研究创新能力的自我形成博弈过程。博弈方的学习速度较慢表现为向优势策略转变是一个渐进的过程，不是所有博弈方同时调整，策略调整速度可以用生物进化的动态方程——复制动态公式表示。

2. 对称博弈下景德镇陶瓷产业创新能力的形成

所谓"对称博弈"是指博弈的双方的地位完全相同，即各自的创新水平和收益无根本上的重要程度和高低的差别，在创新过程中没有主次之分。对称博弈的进化分析，对应的是相似博弈方群体的策略进化和稳定性。

（1）假设条件与模型建立。

我们知道，创新中面临着两种策略选择，即合作或不合作（隐藏）。在对称情况下，如果都不合作，则双方的创新活动没有增值，记为 0；如果都合作，则双方都增值，分别记为 a；如果一方合作，另一方不合作，这时严格来说，属于单向传输，那么，合作的一方的增值为 $-b$（只可能带来负效用），而不合作的一方的增值为 b（任志安，2006）。于是，我们得到一个随机配对的合作博弈，其得益矩阵如表 2-1 所示。

表 2-1 对称情况下的得益矩阵

博弈方 2	博弈方 1	
	合 作	隐 藏
合 作	a,a	$-b,b$
隐 藏	$b,-b$	$0,0$

在上述的合作博弈中,我们认为有 $a>b$。

现在假定采取合作策略的博弈方所占的比例为 x,那么采取不合作策略的博弈方所占比例为 $1-x$。当各方配对进行博弈时,参与者既可能遇到采取合作策略的一方,也可能遇到采取隐藏策略的一方,因此,参与者采取哪种策略都不是事先确定的,而是随着参与者在学习过程中进行策略调整而改变的。

可以算出采取合作策略的一方的期望收益为
$$U_1 = ax + (1-x) \cdot (-b) \quad (2\text{-}1)$$
采取隐藏策略的一方的期望收益为
$$U_2 = bx + (1-x) \cdot 0 \quad (2\text{-}2)$$
所有参与者的平均期望收益为
$$\overline{U} = U_1 x + (1-x) \cdot U_2 \quad (2\text{-}3)$$

按照生物进化复制动态的思想,只要采取两种策略的期望收益不等,期望收益低的博弈方就会改变现有策略并开始模仿另一博弈方,从而导致采用不同策略的个体比例发生变化。由模仿者复制动态方程,其动态变化可表示为
$$F(x) = \frac{dx}{dt} = x \cdot (U_1 - \overline{U}) \quad (2\text{-}4)$$

将式(2-1)、式(2-2)、式(2-3)代入式(2-4)得到
$$\frac{dx}{dt} = x(1-x)(ax-b) \quad (2\text{-}5)$$

在式(2-5)中,令 $\frac{dx}{dt}=0$,可以得到复制动态方程的均衡点为 $x_1=0, x_2=1, x_3=\frac{b}{a}$。

方程的均衡点只意味着该水平不会再发生变化,但并没有说明复制动态过程最终会趋向于那个均衡点。根据进化稳定策略的性质可知,均衡点是否具有稳定性,取决于采取合作策略者所占比例的初始状态和动态微分方程在相应区间的正负情况,同时具有稳定性的均衡点(记为 x^*)面对微小的扰动还必须具有稳健性。因此,当博弈方的错误策略选择使得采取合作策略者所占的比例 x 偏离了稳定点 x^* 时,复制动态的作用会使其恢复到稳定点 x^* 的水平。所以,在稳定点处,$F(x)=dx/dt$ 的导数应小于0,即 $F(x)$ 的导数 $F'(x^*)<0$ 时,满足要求的 x^* 才是进化稳定策略,也就是指在有限理性博弈方的动态策略调整过程中具有稳定性的策略比例关系。

(2)博弈过程与博弈分析。

复制动态最终收敛在 x_1、x_2 还是 x_3,取决于 $F'(x_1)$、$F'(x_2)$、$F'(x_3)$ 在什么条件下小于0。

由 $F(x) = x(1-x)(ax-b)$ 得
$$F'(x) = -3ax^2 + 2(a+b)x - b \tag{2-6}$$
将 $x_1 = 0, x_2 = 1, x_3 = \dfrac{b}{a}$ 代入式(2-6)可得
$$F'(0) = -b \tag{2-7}$$
$$F'(1) = b - a \tag{2-8}$$
$$F'\left(\dfrac{b}{a}\right) = -\dfrac{b^2}{a} + b \tag{2-9}$$

如此则出现三种情况：

①创新活动中全部隐藏。

当 $b>0, F'(0) = -b<0$，此时复制动态的均衡点 $x_1 = 0$ 是进化稳定策略，即系统经过初始状态进化后收敛在 $x_1 = 0$ 处，这说明当隐藏所获取的期望收益 U_2 大于合作所获取的期望收益 U_1 时，博弈方最终都将采取隐藏策略，如图2-3所示。

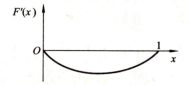

图 2-3　全部采取隐藏策略的复制动态相位图

②全部采取合作策略。

当 $a>b, F'(1) = b - a<0$，此时复制动态的均衡点 $x_1 = 1$ 是进化稳定策略。在这种情况下，合作所获取的期望收益 U_1 大于隐藏所获取的期望收益 U_2，最终博弈方都会采取合作的策略，如图2-4所示。

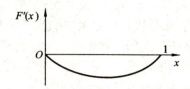

图 2-4　全部采取合作策略的复制动态相位图

③部分合作及部分隐藏策略。

当 $a>0, F'\left(\dfrac{b}{a}\right) = -\dfrac{b^2}{a} + b$，此时复制动态不是一个稳定状态，即有 $\dfrac{b}{a}$ 比例的组织成员采取合作策略，$1 - \dfrac{b}{a}$ 比例的人采取隐藏策略，如图2-5所示。

由上面几种不同的情况我们可以发现，在对称博弈下，自我进化出创新能力

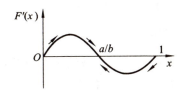

图 2-5 部分合作或隐藏策略的复制动态相位图

的倾向开始出现,但是这种倾向的实现带有较大的偶然性和不确定性。

3. 非对称博弈下景德镇陶瓷产业创新能力的形成

前面我们分析了对称博弈下,景德镇陶瓷产业创新能力自我形成的一般规律。但显然,有限理性的博弈方也会进行非对称博弈。许多情况下,由于目标、收益并不相同,非对称博弈在创新的实践中应更为普遍。因此有必要对非对称博弈下创新能力的形成做进一步分析。

(1) 假设条件与模型建立。

如果都选择合作策略,则各自获得的增值分别为 $V_g=a$ 和 $V_d=b$,V_g 和 V_d 分别表示创新资源禀赋较高的个体和较低的个体的增值;如果两者中只有一方选择合作策略,则出现两种策略组合 $g(高,低)=(合作,隐藏)$,$g(低,高)=(隐藏,合作)$,其对应的得益分别为 $V(g(高,低))=(-c,c)$,$V(g(低,高))=(d,-d)$,显然,$c>d$;如果两者都选择不合作策略时,双方的增值都为 0。于是,我们得到两类群体间随机配对的创新合作博弈的得益矩阵,如表 2-2 所示。

表 2-2 非对称情况下的得益矩阵

博弈方 2	博弈方 1	
	合 作	隐 藏
合作	a,b	$-c,c$
隐藏	$d,-d$	$0,0$

(2) 博弈过程与博弈分析。

假设在博弈方 1 的群体中,采取合作策略的比例为 x,采取隐藏策略的比例则为 $1-x$,同时假设在博弈方 2 的群体中,采取合作策略的比例为 y,采取隐藏策略的比例则为 $1-y$。

根据以上假设,博弈方 1 采取合作和隐藏策略的期望收益 U_{11} 和 U_{12} 以及博弈方 1 参与人的策略的混合期望收益 U_1 分别为

$$U_{11}=ay+(1-y)(-c) \tag{2-10}$$

$$U_{12}=dy \tag{2-11}$$

$$U_1=U_{11}x+(1-x)U_{12} \tag{2-12}$$

博弈方1复制动态方程为

$$F(x) = \frac{dx}{dt} = x(U_{11} - U_1) = x(1-x)[(a+c-d)y - c] \qquad (2\text{-}13)$$

同理可得,博弈方2采取两种策略以及博弈方2策略的混合期望收益为

$$U_{21} = bx + (1-x)(-d) \qquad (2\text{-}14)$$

$$U_{22} = cx \qquad (2\text{-}15)$$

$$U_2 = U_{21}y + (1-y)U_{22} \qquad (2\text{-}16)$$

博弈方2的复制动态方程为

$$F(y) = \frac{dy}{dt} = y(U_{21} - U_2) = y(1-y)[(b+d-c)x - d] \qquad (2\text{-}17)$$

令 $\frac{dx}{dt} = 0$,得 $x = 0; y = c/(a+c-d)$

令 $\frac{dy}{dt} = 0$,得 $y = 0, 1; x = d/(b+d-c)$

由以上解可知平面 $S = (|(x,y)| 0 \leqslant x, y \leqslant 1)$ 上的局部均衡点分别为 $(0,0)$,$(0,1),(1,0),(1,1),(d/(b+d-c),c/(a+c-d))$。式(2-13)、式(2-17)描述了这个创新能力进化系统的群体动态,雅克比矩阵为

$$J = \begin{pmatrix} \frac{\partial F(x)}{\partial x} & \frac{\partial F(x)}{\partial y} \\ \frac{\partial F(y)}{\partial x} & \frac{\partial F(y)}{\partial y} \end{pmatrix}$$

$$= \begin{pmatrix} (1-2x)[(a+c-d)y-c] & x(1-x)(a+c-d) \\ y(1-y)(b+d-c) & (1-2y)[(b+d-c)x-d] \end{pmatrix}$$

$$(2\text{-}18)$$

对五个局部均衡点进行稳定性分析,得到的结果如表2-3所示。

表2-3 非对称情况下的稳定性分析

均衡点	J 行列式符号	J 的迹符号	稳定性
$(0,0)$	$cd > 0$	$-(c+d) < 0$	稳定
$(0,1)$	$(a-d)d > 0$	$a > 0$	不稳定
$(1,0)$	$(b-c)c > 0$	$b > 0$	不稳定
$(1,1)$	$(d-a)(c-b) > 0$	$d-a+c-b < 0$	稳定
$(d/(b+d-c),$ $c/(a+c-d))$	$-\frac{cd(a-d)(b-c)}{(a+c-d)(b+d-c)} < 0$	0	鞍点

由上表分析结果可知,$(0,0)$ 和 $(1,1)$ 是稳定的,是这个博弈系统的进化稳定策略,同时该系统还有两个不稳定的均衡点 $(0,1)$ 和 $(1,0)$,一个鞍点 $(d/(b+d-$

$c),c/(a+c-d))$。此博弈系统的初始状态的微小变化会影响到系统演化的最终结果。将鞍点值记为 x^*,y^*,当 $x<x^*,y<y^*$ 时,系统将完全收敛于知识隐藏策略;$x>x^*,y>y^*$ 时,系统将完全收敛于知识合作策略;当 $x<x^*,y>y^*$ 或 $x>x^*,y<y^*$ 时,系统的进化具有不确定性,可能收敛于完全合作,也可能收敛于完全隐藏。在这个进化过程中,它可能在很长时间内保持一个合作和隐藏共存的局面。

总的来看,创新资源的高低对于创新能力的演进没有太大影响,在景德镇陶瓷产业的创新活动中,其能力进化具有初始状态的不稳定和不确定性,需要企业主动推动创新能力的有效进化。

第五节 景德镇陶瓷产业创新能力对产业升级的影响机制研究

景德镇产业创新系统以景德镇陶瓷产业为核心,其属于一个多重反馈的开环系统,具体链路表现为,文化研究与开发,产品生产并进入市场,市场需求扩大文化扩散,文化创新应用效果反馈并二次创新,在发展过程中形成创新主体群。在产业创新系统中,环节与环节之间需要有效结合,为此,协调不同环节上的利益主体就成为文化创新机制所要研究与解决的问题。若协调效果突出,则能够有效推动文化创新成果的转化,并进一步扩散其影响力,若协调不当,则会引起资源浪费。而协调效果的好坏则取决于区域创新系统的发展状况。

一、景德镇陶瓷产业创新能力的界定

在进行景德镇陶瓷产业创新能力界定时,可以从广义与狭义两个角度进行定义。从狭义的角度来看,创新能力指的是文化产品或工艺从开发到转化为商业应用的能力。创新能力是通过协调作用与综合力量进行产业文化突破,以文化创新与产业组织创新为基础依托,为产业创新与发展提供驱动力。基于广义概念来分析,创新能力不仅包含狭义的创新能力的内涵,同时还包括景德镇陶瓷产业与相关产业成果的扩散问题,对产业系统的整体发展状况更为关注。在广义的创新能力思想指导下,文化创新及创新扩散过程中还包括机构与政府对创新活动的引导作用。这里以广义的创新能力为研究视角,即景德镇陶瓷产业发展所带动的产业发展、经济发展与社会发展的整体动态能力,表现出的是一种宏观的效应。

机制,往往是指在本质之间的相互关系,以及本质间存在的条件的适应性、发

生过程和联系方式等要素关系,其中包含了关系可变性、关系存在性、关系变动过程、关系的关联形式等。对机制进行分析和研究,必然离不开对其存在条件的探索,只有这样才能更加灵活地研究机制本身。产业化升级的文化创新研究方向也包括三大机制的研究,即外在的创新环境、创新的基本能力、转化创新成果的能力与影响力度等。另外,还要进行其他三大事项的研究:首先是产业升级进程受文化创新机制影响的主要方式及各个环节受到了何种影响;其次是影响或联系间的逻辑关系,此部分的研究侧重一般性、抽象性内容,不涉及具体内容;最后是联系方式的变动以及存在的前提。

二、景德镇陶瓷产业创新的实现同文化创新能力间的关系机制分析

产业、文化的讨论是不能从相同范畴进行的。文化支持、推动产业化,产业要借助文化的力量实现资源配置形式的创新、变革。产业化过程为文化的存在提供了价值证明,文化发挥了固有作用。文化研发、产品研发、生产能力研发以及市场开发是文化走向产业化的几大环节,即上述过程是对文化成果转化的过程的描述,意味着产业间在逐渐地融合。也就是说,文化要转变为成果,要确保成果拥有价值,才能够实现商业化、市场化,并由企业开展规模化的生产或进行产业化布局,从而实现升级的目标。

文化产业化、产业化升级受到文化创新的影响,从供给角度进行分析,我们可以发现:劳动生产率、产品质量、生产成本、生产文化基础等要素都可以由文化创新得到改良、优化,实现成本的节约。完成产业成果转化并研发得到产品将会催生出新的产业。文化创新没有止境,前一创新行为会影响后续创新结构,后续创新活动可由前一创新活动派生,二者互补。所以,站在更广阔的视角来看,文化创新会产生新部门,而新的部门又会催生其他的部门。最终的结果就是,新产业群兴起。此外,传统产业工业系统、基础设施都是新产业群诞生的完美基础,为新产业群提供了坚实的基础。

文化在不断发展的过程中,也同市场需求、经济需求产生了紧密的联系,对产业下游也产生了不小的影响,对下游有着催生、促进的作用。显然,文化对整个市场都有着不可小觑的贡献。在市场下游,文化创新依然拥有广阔的渗透、扩散空间,这样,即使是低端的传统文化产业,还是拥有不断改造的可能性,也能够创造出新的市场价值。

可见,文化产业创新能力对产业化的形成、发展起到了积极作用,其机制表现为,文化要素受到文化创新的影响而实现了从低向高的发展,同时,部门也因文化

要素的提升而增加了收益,提高了文化的价值。部门生产要素实现了配置变更,新兴生产要素也在不断地被创造出来,要素间遵循高效率、高价值性的组合原则。某部门在采用了创新要素之后而创造出了新的产业。若此部门的新产业在服务需求、新文化产品上拥有广阔的市场需求量,那么其他相似的产业部门会大量出现,并相互交往。此外,在传统产业生产过程中,文化也有影响力,而从区域经济角度进行分析发现,文化也会提升区域经济的产业层次与质量。

三、产业升级中的景德镇陶瓷产业创新能力的制约机制分析

从目前来看,景德镇产业改造升级受到了景德镇陶瓷产业创新转化的深刻影响,为更好地阐明影响的机制,以下将从初级产业化、高级产业化两个环节进行讨论。由R&D(研究与开发)至文化创新的环节即为文化创新转化的初级形式,此环节为整个文化的转化工作提供了核心增长空间与增长基础。文化企业与其R&D机构是初级环节的主要参与者。文化企业从R&D机构中获得新文化;在转化期间,文化是核心增长要素,景德镇文化企业生产中的其他要素,如原材料、劳动力、资金等都是辅助要素,都受到文化创新的影响。

在完成了基本的转化之后,接下来是高级环节——创新扩散至结构升级。在高级环节,生产工作中需要应用到文化创新成果,经济同文化实现了结合,文化在飞跃中走向了产业化。当然,要实现质的改变,还需要不断积累,只有这样才能巩固文化创新的地位。文化只有在其他的行业不断扩散,推动其他行业文化进步,才可以说是文化产业化,才能从整体上促进区域乃至国民经济的发展。从以上的讨论得知,产业文化的改善、社会需求结构的提升是文化产业化的高级环节的主要着力点,为产业升级提供了坚实的优化基础。高级化路径中,必然存在三大影响:首先,创新模仿、文化成果转让等方式是文化产业化的常见方式,这为产业提供了壮大自身的可能;其次,改造升级传统文化产业是高级化的目标,在关联产业中引入文化创新,或者在原产品中引入文化创新,此类行为都从根本上提升了生产效率,节省了劳动力投入,提高了生产效能,利于产业的升级改造;最后,不断出现的新兴产业群。因为社会需求、劳动生产率的变动,而催生了新兴产业群。传统文化产业受到文化创新的产业化而壮大自身力量、升级生产,新的产业群也因文化产业化而诞生。在文化产业化或创新转化的过程中,经济环境、制度环境都会发生不同程度的改变。

景德镇陶瓷产业的产业化或创新成果的转化之路不仅催生了新兴的产业群,升级改造了传统产业的生产,壮大了文化产业的规模,还对文化产业化产生了影响,如文化生产基地、资金、市场等创新要素的支撑。由此可见,受到文化产业化

或转化的影响,新的文化产品将诞生,而新的文化产品的出现又将成为文化产业化或转化的基础,二者相互促进、相互连接,在产业升级的道路上不断支撑前进。

四、产业升级中的景德镇陶瓷产业创新环境的制约机制分析

景德镇陶瓷产业的转移、扩散活动会受到文化创新、文化产业创新的影响,同时,外部环境也会因此受到不同程度的改变。外部环境,指区域的创新战略、政策环境、行业环境、市场环境等。

许多要素都会对景德镇陶瓷产业的变动产生强大的影响,从区域经济体制转轨的工作环境来看,在资源配置调节要素中,市场的地位越来越受到重视,但依然未得到全方位的构建。因此,在此次讨论中,外部环境的分析主要包括两大要素:首先是文化产业的市场环境,这是环境要素;其次是区域创新政策的影响,这是区域制度要素。接下来,我们将对产业升级过程中的环境要素、区域制度要素等发挥作用的机制做简要的考察。

景德镇陶瓷产业深受产业内部的市场竞争特点、文化创新要素的影响,所以其拥有规模经济性、速度经济性、关联与范围经济性的特点。又因文化产品拥有很快的升级速度、较短的产品生命周期,以及消费目标往往比较特殊,所以生产风险比较大。那么,生产文化产品的企业俨然应当是一个在景德镇行业中拥有较强实力的生产者,例如,其产业的集聚程度要高,产业竞争力要强,劳动生产力要足等等。在行业中拥有文化的创新研发能力,也就意味着拥有创新资金和创新人才。第一,研发人员的专业化程度要高,知识要特别丰富,这为文化的创新提供着强大的人力资源保证。第二,足够资金能促进其他要素的运转,资金是产业创新的保障。文化企业在创新中,也会在内部创造出创新文化网络。因为文化网络内部的关联性不同,企业内部出现了创新协同的情况,进而实现了纵向、横向的引入、扩散,所以创业成果的多寡受到了产业集聚程度的高度影响,高产业集聚程度能够引起新一轮的文化产业升级,并对产业的结构做出新的评判,引导其完善结构,并不断巩固其力量。

开展多维度的文化创新,转化、扩散创新文化成果离不开产业拥有的雄厚实力,其在行业中的地位决定了其升级的成败。产业升级优化受到行业实力的机制性制约:首先,文化产业在竞争力、劳动生产力上占优势,也就能够更好地掌握区域资源配置,将更多的资金、更好的人力投入文化产品研发,从而进一步增强在行业中的实力,当然,也对其转化、扩散文化成果有着促进作用,即二者相互关联与促进;其次,创新成果溢出成效会因产业集聚程度的不同而不同。文化产业间的交流、产业内部的交流因产业集聚度高而变得更加频繁,进而改造传统产业,引起

文化创新的规模效应,推动产业化进程。

景德镇陶瓷产业走文化创新的道路是区域经济发展的必然要求,对区域经济的后续增长起决定作用。市场机制在文化产业创新、发展道路中的地位不可忽视,而区域经济政策同样也引导着景德镇陶瓷产业的创新方向,特别是创新政策、产业政策的引导。文化的创新升级因区域创新政策、产业政策而拥有了良好的文化、社会与政治环境,拥有了劳动力配置与资本配置上的优势力量,并在创新道路中受到地方政府多方面的扶持。制度环境也为文化成果的转化指明了道路,提供了条件,产业创新与政策指导相互促进。创新过程的交互发展为产业体系提供了生态机制,产业在创新的初级环节、高级环节都重视反馈的作用,并对产业间、产业内部存在的文化相关要素进行考察,进而构建出严密的创新网络,为促进文化创新提供了良性发展的生态机制,这也是景德镇陶瓷产业升级的必然选择。

第六节 文化产业创新能力对产业升级的影响效应——以景德镇陶瓷产业为例

一、问题的提出

张治河等(2015)通过对奥斯陆手册中指标体系的借鉴,采用模糊评价和内核密度分析等方法,对21个城市的战略产业创新能力进行了探讨,认为产业创新能力符合随着时间的推进,呈现类似于蠕虫爬行的演化路径。刘继兵等(2015)通过对2009—2013年的356个产业样本进行分析,探索了制度环境对产业创新能力的影响效应。赵志耘等(2013)则通过实证研究,探索了2005—2010年高技术产业创新效率,特别是技术引进、企业规模对产业创新能力的影响,研究表明,知识存量对于产业创新以及产业演化的影响不够显著。周明等(2011)通过对1998—2006年产业统计数据进行分析,利用空间面板数据研究工具,分析了产业集聚以及知识溢出对产业创新产出和产业转型的影响。

从目前研究来看,与产业创新能力相关内容的研究很多,但是从产业创新能力探索其对产业升级影响的研究还较少。而实际上,产业升级过程中,产业创新能力显然起着至关重要的作用。针对产业创新能力与产业升级之间的影响机制,国内不同的学者有不同的观点。相关学者的研究角度多拘泥于现状分析、结构分析和静态的定量研究,很少有从时间序列的角度来展开研究的。当前,我国已进入文化产业3.0时代,文化产业的重要性日益凸显;作为特殊的文化与经济形式,特别是在互联网的助力下,文化产业对大众创业、万众创新的推动作用更为明显。

景德镇作为具有千年文化底蕴的地区,目前已经形成并正在完善以陶瓷文化产业为主体,以旅游、娱乐、演艺、会展等产业为辅助的文化产业发展的全新格局。根据《景德镇市国民经济和社会发展第十四个五年规划和二〇三五年远景目标纲要》,到 2025 年,陶瓷产业总产值应达到 1000 亿元、增加值达到 300 亿元。景德镇陶瓷产业正通过自身的不断完善和提升,成为江西乃至全国文化产业发展中不可或缺的组成部分,为文化产业的快速发展贡献着不容小觑的力量。但是,景德镇传统文化产业的比重过大、资源利用不均衡、产业化水平不高、文化服务业比重较低、文化人才较为匮乏等因素制约了景德镇陶瓷产业的进一步快速发展。特别是景德镇陶瓷产业创新能力较低,导致"一带一路"倡议下的文化产业转型升级较为困难。在"十四五"规划的开局之年,景德镇作为千年瓷都,其文化产业获得了前所未有的广阔发展空间。厘清景德镇陶瓷产业创新能力与产业转型升级之间的关系已经显得尤为迫切,产业升级路径问题更是亟待解决,这些对其他地区文化产业升级也有重要的理论与实践意义。

二、景德镇陶瓷产业创新能力对产业升级影响的实证分析

(一)指标选择

构建文化产业创新能力和产业升级测度指标体系需要同时符合动态优化和可持续性的要求。由于文化产业发展具有不平衡性和文化要素禀赋不尽相同,文化产业创新能力的界定和产业结构往往处于动态变化过程中,需要符合产业结构合理化的要求;同时,可持续性是文化产业的基本内涵,产业创新能力和升级必然要提高产品附加值以减少资源消耗,保护文化遗产,推动可持续发展和优秀文化传承的实现。

文化产业是 21 世纪以来发展极快的新兴产业,当前没有合适的专门性指标体系对其进行评价和计算,国内外学者对于文化产业的统计口径也不尽相同。本研究从相关文献研究出发,借鉴钟廷勇等(2015)、彭勇平等(2015)、胡慧源(2015)等学者的变量选取与指标设置,采用业界认可度较高、便于推广的指标来描述景德镇陶瓷产业创新能力与产业升级的具体情况。从文化产业创新能力的培养轨迹来探讨,我们发现,这一能力可以以文化创新效率、文化创新成果转化效率来测度。而对产业升级来说,产业结构高度化则是主要测度指标,也是产业升级最为关键的组成部分;产业升级活动还必然存在资源的流动,因此必然与这个主要环节密切相关。而产业结构高度化可以通过占 GDP 比重、产业结构效益系数、技术

集约化程度、产业超前系数来计算。从文献研究发现,这两类指标的数据经过学者们多年的探讨,已经较为成熟,信度和效度都较高。

(二)数据的来源与处理

考虑到数据可得性和统计可行性,本研究选择景德镇市 1994 年到 2013 年共 20 年的文化创新效率、文化创新成果转化效率、文化产业结构高度化(占 GDP 比重、产业结构效益系数、技术集约化程度、产业超前系数)来进行变量相关性的探讨,其数据均来自相应年份的景德镇市"投入产出表""景德镇市统计年鉴"(数据来源:景德镇市统计局),考虑到数据来源的完整性、可靠性和获取成本,本研究还选取代码 87135 文化艺术的数据作为景德镇陶瓷产业数据。

一方面,对数据直观分析发现,景德镇陶瓷产业从 1994 年到 2013 年的 20 年时间内,文化创新效率、文化创新成果转化效率、文化产业结构高度化这三大指标均呈明显上升趋势,变化趋势基本相同。特别的是,在 2003 年前后三大指标均出现了明显的升高。因此,从数据变化趋势初步能够判断出三大指标之间存在线性的相关性。当然,这一初步分析的结果还需要通过统计定量分析来进行验证。另一方面,根据统计学基本原理,为了消除数据的异方差影响,必须对三大指标变量进行对数化处理。

(三)各变量的相关性分析

为了较为便利地处理时间序列数据,本研究借助 EViews 统计分析软件来分析文化创新效率、文化创新成果转化效率、文化产业结构高度化三大指标的关系。研究表明,景德镇市 1994—2013 年时间序列数据相关性较为明显,文化创新效率、文化创新成果转化效率、文化产业结构高度化三大变量之间相关系数均在 0.9 以上,三者均为强相关关系。基于三大变量的相关性结论,本研究将继续通过平稳性检验(ADF 检验)、协整检验(Johansen 检验)和格兰杰因果关系检验(Granger 检验)来探讨景德镇文化创新效率发展与产业升级之间的关系。

(四)基于时间序列的实证研究

1. 平稳性检验(ADF 检验)

一般而言,时序数据协整检验之前必须进行平稳性检验,以判断变量的单整性。对时间序列数据进行平稳性检验的方法较为典型的就是 ADF 检验。本研究对 1994—2013 年景德镇文化创新效率、文化创新成果转化效率、文化产业结构高度化三大变量的水平值、一阶差分、二阶差分进行 ADF 检验。研究表明,文化创新效率、文化创新成果转化效率、文化产业结构高度化三个变量的对数变量都是非平稳的,一阶差分、二阶差分后的变量中文化创新效率、文化创新成果转化效率和文化产业结构高度化均是平稳的,这说明各变量均有一阶单整性和二阶单整性,后续协整性分析由此存在可能性,变量之间可能具有协整关系。

2. 协整检验(Johansen 检验)

本研究对 1994—2013 年共 20 年的文化创新效率、文化创新成果转化效率和文化产业结构高度化的数据进行协整检验。研究发现,在进行迹统计量检验之后,在不存在协整向量的假设中,其值为 42.75715,而 0.05 显著性水平下的临界值为 24.27596,P 值为 0.0001,原假设被拒绝。在 At most 1 假设中,迹统计量的值为 8.411058,而 0.05 显著性水平下的临界值为 12.32090,P 值为 0.2065,原假设被拒绝。我们对最大特征值进行检验后能够得出同样的结果。因此,三个时序变量之间存在协整关系,不存在伪回归。

3. 格兰杰因果关系检验(Granger 检验)

通过 Johansen 检验,我们发现景德镇文化创新效率、文化创新成果转化效率和文化产业结构高度化三个变量存在协整关系,即表明这三个变量存在着长期均衡的关系,但是无法判断出三者的因果关系,因此还需要通过 Granger 检验来分析,Granger 检验方法能够清晰地判断出一个变量对另一个变量的影响。三个时序变量的 Granger 检验结果表明(P 值分别为 0.6707、0.5112、0.7175、0.3493),文化创新成果转化效率不是文化创新效率的格兰杰原因、文化创新效率不是文化创新成果转化效率的格兰杰原因、文化产业结构高度化不是文化创新效率的格兰杰原因、文化产业结构高度化不是文化创新成果转化效率的格兰杰原因等原假设均不能拒绝,而文化创新效率不是文化产业结构高度化的格兰杰原因的原假设、文化创新成果转化效率不是文化产业结构高度化的格兰杰原因的原假设由于 P 值为 0.0074 和 0.0457,在 0.05 显著性水平下,均被拒绝。

因此,我们最终得到的研究结果就是,在 0.05 显著性水平下,文化创新效率和文化创新成果转化效率是文化产业结构高度化的格兰杰原因。也就是说,前两个时序变量能够影响后一个时序变量的变动。由此可以得出,景德镇文化创新效率的快速提升能够有效推动产业升级。

4. 基于 VAR 模型的实证研究

VAR 模型中的变量已经用格兰杰因果关系检验确定了相互间影响关系。运用 EViews 软件,对文化创新效率、文化创新成果转化效率和文化产业结构高度化分别建立 VAR 模型。根据前文的平稳性检验(ADF 检验)可知,本次建立的两个 VAR 模型均是稳定的。

当分别给予文化创新效率和文化创新成果转化效率一个正向冲击之后,当期文化产业结构高度化均开始不断增加。另外,从图 2-6 和图 2-7 分别可以看出,景德镇陶瓷产业结构高度化的增长主要来自文化创新成果转化效率(22%左右)和文化创新效率(70%左右)的提升。显然,文化产业结构高度化增长也受到其他变量的影响,但是其他变量对文化产业结构高度化的影响较小,因此在本研究中VAR模型未考虑其他变量的干扰。

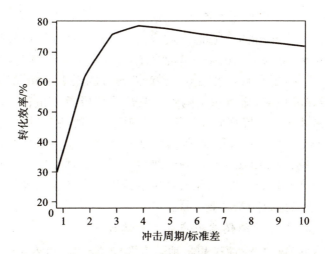

图 2-6　文化创新效率对文化产业结构高度化的贡献率

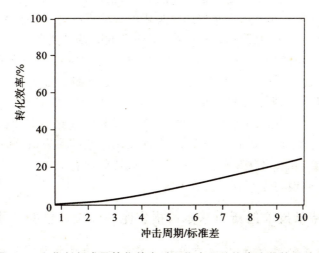

图 2-7　文化创新成果转化效率对文化产业结构高度化的贡献率

三、政策建议

（一）制定文化产业发展规划，完善文化产业体制建设

1. 加快制定文化产业发展规划

在《江西省"十四五"文化和旅游发展规划》基础上，景德镇市各级相关部门应联合组成工作小组，加快组织相关领域的学术界、企业界人士制定《景德镇市文化产业发展"十四五"规划》，明确景德镇陶瓷产业升级的根本目标，部署相应指导性任务，提出相应保障机制，对景德镇陶瓷产业开展积极指导和有效推进。通过结合江西省文化产业未来发展规划和景德镇市陶瓷文化的特色，把握景德镇陶瓷产业升级的总体思想、工作要求和发展战略，切实整合产业创新资源和完善景德镇陶瓷产业创新系统，为景德镇陶瓷产业升级奠定坚实的创新基石；同时，还应科学评估景德镇陶瓷产业升级的现状，精确把握景德镇陶瓷产业升级的未来趋势和发展方向，极大增进景德镇陶瓷产业的软实力。

2. 立足现实，完善景德镇陶瓷产业体制建设

景德镇相应政府机构应通过积极地转变职能，更加注重宏观方面的管理，打破相关行业垄断、协调产业各个环节之间的关系。具体来说，要想推动景德镇陶瓷产业进一步快速发展，满足产业升级的需要，重点在于强化政府监管部门对文化产业全局性的规范和管理。从景德镇文化发展的现状看，政府相关决策机构应当继续推进文化产业体制改革，整合现有文化产业的各种资源，成立协调一致、运转顺畅的文化管理部门，改变以往文化产业发展过程中不同行业各自发展的做法，形成文化产业发展的一体化优势。在文化产业发展过程中，适当提高准入标准，改革完善相关法律法规和行业规范，让具有更强运营资本和资质的企业能够脱颖而出，成为行业发展的龙头。当然，也要做好文化行业知识产权保护工作；扶持大型陶瓷文化企业，形成有序的竞争，推动文化产业健康发展；特别是要重视文化的传承与创新，开展文化企业商业模式变革，拓展现有文化产业价值链，改善产业结构，提高景德镇陶瓷产业创新效率。

（二）坚持以技术创新为基本前提，促进以设计创新为引擎动力

1. 坚持技术创新，改造传统景德镇陶瓷产业，为产业升级创造前提

近年来，景德镇陶瓷产业发展态势良好，但文化产业同样也需要技术创新来推动产品创新和服务创新。传统文化产业的发展历程表明，要延续产业的辉煌，必须创新发展思路。因此，要通过调整产业结构，促进景德镇陶瓷产业结构转型，

转向附加值较高、技术创新水平较高、使用价值较高的发展道路。首先,在资源利用上,非线性的运行过程能建立景德镇陶瓷产业与其他相关产业之间的联系,利用现代技术来完善文化资源的开发利用;充分利用现代技术创新手段,使文化资源更具有现代价值,促进潜在的文化生产力有效转化为现实文化生产力,进而推动景德镇文化资本增量的有效扩大和景德镇文化产品档次的升级改造。其次,在生产制造商方面,非线性的运行过程能鼓励景德镇文化产品的创新和技术改造,大力推动景德镇文化产品的生产技术水平,力争形成更多具有自主产权的核心技术的企业,促进景德镇陶瓷产业由单一的陶瓷向动漫、旅游、文化博览、数字传输等新兴文化产业升级,融合更多文化创新元素,改造传统产业,为产业升级奠定基础。再次,在管理流程上,非线性的运行过程能更多地运用现代媒体技术、互联网技术来武装景德镇文化企业,借助现代信息技术,设计开发出符合景德镇文化企业特色的管理系统,提升文化产品质量,提高企业运行效率、管理水平和文化创新水平。最后,在发行传播上,非线性的运行过程能改变传统文化企业营销方式,开发出数字化文化产品、提供文化信息增值服务,创造尽可能全面、及时、多样的产品销售平台和渠道,利用多种传播方式,为消费者服务。

2. 推动设计创新,软化产业要素,为景德镇陶瓷产业升级提供新的引擎动力

以3D打印等为代表的第三次工业革命、工业4.0、互联网＋等新生领域正在促使传统文化产业向现代文化产业转型,景德镇陶瓷产业应在新技术、新工艺、新材料的支持下,逐步推动景德镇文化产品的智能化、网络化、信息化和虚拟化,变革景德镇文化产品的表现形式,其中最重要的推动力量来自加强设计创新,包括拓宽设计创新的领域,加快大数据、云计算时代下的设计开发、设计创意和设计运营,整合设计创新的各种资源,提高设计效率增速与回报率,提高设计创新能力,改善设计同质化竞争的现实情况等。

设计创新在文化产业链的前端,具有典型的增值高、污染少、知识密集等特点。设计创新可以催生新的文化业态,满足文化市场多样化、个性化的需求,有利于提升文化产品质量、增加就业机会、推动文化创新、塑造品牌影响、提高国内外文化竞争力。通过设计创新提高文化创新效率和成果转化效率,推动产业升级符合当前产业发展要求,符合文化产品研发和文化市场的需求,能够有效软化产业要素,对于区域经济和城市经济的发展也有战略意义。

(三) 推动文化产业的集成创新与融合

现代文化产业已经涵盖了当前社会各个方面,这一产业的升级不可能孤立进行,而需要与其他领域进行有效跨界融合或混业经营,集成创新成为必由之路。

文化产业的集成创新与融合,不仅包括设计要素与文化的创新融合,在某种意义上,今天的文化产业升级是在更宏大的背景、更宽广的领域展开人类文明的物质与精神财富的创造。这一过程的特殊之处在于,通过精细化分工后的行业交叉、融合会催化出新的产业形态、新的价值节点、新的创新模式以及新的发展战略与观念。融合已经成为文化产业发展的方向和路标,特别是融合的标准、融合的领域、融合的方式已经超越了传统产业的标准、领域和方式。产业集成创新与融合将带来新的机遇,促进产生创新的溢出效应,推动消费升级、产品升级、创新升级和服务升级。就文化产业的产品而言,将实现传统文化产品向现代文化产品转变,推动传统制造转向现代"智造",拓展多元化的消费者体验、文化的多向度感知,不仅能推动文化产品功能性改进,还能提供便利、新奇的时尚体验。

从景德镇陶瓷产业的实际情况来看,产业集成创新与融合的发展方向之一在于传统陶瓷文化产业与现代陶瓷时尚产业融合,这方面景德镇具有得天独厚的优势,陶瓷产品历史上一直也是时尚的代表。为此,景德镇陶瓷产业应在陶瓷时尚产业融合的准入、规范等方面形成竞争特色;建立全国领先的陶瓷时尚产业基础设施,注重宏观管理,消除行业融合壁垒;协调陶瓷时尚产业各环节之间的关系,整合现有文化产业的各种资源,成立协调一致、运转顺畅的时尚产业管理部门,改变以往产业发展中不同行业各自为战的做法,形成陶瓷时尚产业发展的有机融合趋势,促进文化产业有序健康发展;特别应重视文化传承与创新,开展文化企业商业模式变革,拓展现有文化产业价值链,改善产业结构。只有这样才能够提高景德镇文化创新效率,为景德镇陶瓷产业升级提供有效路径。

第三章 景德镇陶瓷产业创新生态研究

第一节 景德镇陶瓷产业创新生态系统的进化研究

迈入 21 世纪,世界各国对研发投入的不断增强,景德镇陶瓷产业也呈现出前所未有的发展态势。景德镇陶瓷产业就是通过各种平台为消费者提供陶瓷产品消费服务的产业。景德镇陶瓷产业快速发展,在新型研发创新、产业升级换代等方面有巨大进展,其对区域经济的贡献率相较十年前提升一倍以上。社会主义市场经济体制下,景德镇陶瓷产业已经成为创新资源的重要提供者,也是直接参与研发的重要参与者。陶瓷产业已经成为世界很多国家产业发展的重点,大力发展景德镇陶瓷产业,是加快文化创新的重要基础。从产业属性看,陶瓷产业是现代服务业中最具发展前景的有机构成部分。景德镇陶瓷产业具备一般服务业的内容,但是也有一些自身的特点。政府在发展景德镇陶瓷产业时,必须要立足景德镇陶瓷产业的特点,创新制定与之相适应的发展政策,创建景德镇陶瓷产业创新生态系统。

一、景德镇陶瓷产业创新生态系统的进化内涵

建立景德镇陶瓷产业创新生态系统,就是要在投资商、生产商、客户、贸易伙伴、工会等服务主体之间建立动态性的合作关系。创新生态概念最早由西方经济学家 Moore 提出,Iansiti 和 Levin 两位经济学家对 Moore 的产业理论进行了后续的补充性研究。Moore 最早从企业生态学角度分析创新中各种服务主体之间的联动关系。他从对产业的研究中看到产业的生态属性,但是并没有明确不同服务主体在产业中的定位。Iansiti 和 Levin 两位西方专家认同 Moore 的生态理念,他们进一步通过实证研究提出生态位理念。他们提出服务主体在生态环境中处于特定的生态位,一旦一个生态位出现问题就会对其他生态位产生传递性影响。因此,后面两位学者的研究更加侧重于对生态位之间关系的研究,他们的研究比 Moore 的研究更加深入。企业在创新中,必须要能够借助内外环境获得足够的创

新资源,要能够激发企业内部员工的工作热情,建立协调一致的服务环境。

在经济全球化进程中,世界各国服务资源呈现跨国流动态势。尤其是随着互联网信息技术的不断发展,客户对服务资源的需求更加多元化。产品更新换代速度与以往相比明显提升,市场竞争更加激烈化。当代市场竞争已经由以往的小范围的静态竞争向全球化的动态竞争转变,由以往的有限竞争向无限竞争转变。正是由于上述新变化,企业在开展市场竞争中,抢夺竞争地位更加关键。企业要想加快研发速度,离不开产业的大力支持。因此,构建景德镇陶瓷产业创新生态系统,已经成为陶瓷企业能够满足客户需求、参与市场竞争的重要着力点。

创新已经成为企业竞争力培养的必备条件。企业具备较强的创新能力,在未来国际市场开拓与竞争中就会占据相对优势地位。但是,企业在培养创新能力过程中,经常会受限于创新资源的不足。一家企业要想仅凭自身力量开展创新越来越难。企业之间进行创新合作,整合创新资源,是现代企业创新能力塑造的必然选择。构建企业之间的创新合作平台,需要建立服务创新生态系统。服务创新生态系统能够有效衔接企业之间的创新资源,实现各企业之间信息的共享,提高创新质量。企业构建创新生态系统,是持续发展的重要保障。

在创新生态系统中,企业之间会形成更加紧密的合作,甚至会催生同一行业的产业集聚的出现。单个企业单枪匹马闯天下的模式将会被大规模集团化企业运营模式所替代。企业之间借助创新生态系统,可以提高企业总体实力,为给客户生产高质量的产品提供保障。同时,创新生态系统的构建对一个国家总体实力的提升也有直接推动作用。

我国学者对服务创新生态系统的研究主要起始于20世纪初。由于事关企业经营成败,建立并完善此系统已经成为我国经济产业界的共识。我国学者通过对企业创新的研究,也提出构建景德镇陶瓷产业创新生态系统的理念,如从信息生态学角度出发,提出构建生态信息服务系统的理念。随着互联网信息技术的发展,可以依托信息网络技术搭建更加高效率的信息服务、信息网络化生态系统。通过生态信息服务系统,可以加速各种创新资源的上传、整合、储存与共享,为企业创新工作提供更便捷的服务。

当然,学者在研究中也发现当前景德镇陶瓷产业的发展中存在很多问题。总体来说,景德镇陶瓷产业规模不大,服务质量不高,甚至出现信用低下等严重问题。鉴于此,学者对景德镇陶瓷产业的未来发展进行了前瞻性研究,认为景德镇陶瓷产业必须要制定长远的发展目标和发展规划。有学者提出要分析目前景德镇陶瓷产业发展中存在的问题及原因,采取有效措施解决问题,如有的学者提出构建"信息网络系统""有机整体系统"等。从现代生物学角度看,景德镇陶瓷产业创新生态系统必须要具备下面四个基本条件:一是系统的基本功能;二是系统的基本组成;三是系统的时间与空间的设置;四是系统的发展定位等。只有尽快完善上述生态系统基本条件,才能真正构建高效率的创新服务系统。

通过国内外文献的比较研究,这里对景德镇陶瓷产业创新生态系统的进化进行深入分析与研究。结合国内外专家学者的合理观点,笔者认为现代景德镇陶瓷产业创新系统的进化内涵包括:景德镇陶瓷产业创新系统的进化就是指围绕共同创新目标,不同企业之间开展一种创新的动态联系,实现创新资源的高效流动,为创新提供资源保障的具有相对稳定性和创新功能的生态系统。景德镇陶瓷产业创新系统进化能够在企业之间搭建创新资源交流的桥梁与纽带,提高企业创新效率,节省企业创新成本。

综上所述,景德镇陶瓷产业创新生态系统的进化就是借助景德镇陶瓷产业平台实现创新资源的高效流动,达到创新资源的最佳优化组合,为创新提供动态性的服务。景德镇陶瓷产业创新生态系统在企业创新、产业升级换代,甚至区域发展战略的实现中都发挥着重要的服务保障作用。要大力发展景德镇陶瓷产业,必须构建全新的景德镇陶瓷产业创新生态系统,要加强服务创新系统的研究,分析我国当前景德镇陶瓷产业发展中存在的问题及产生问题的原因,并提出应对之策。同时,要具备前瞻性研究意识,结合当前景德镇陶瓷产业发展实际,为未来景德镇陶瓷产业创新生态系统的完善与改革提供全新的方案思路。

二、景德镇陶瓷产业创新生态系统进化的核心特征——共生演化

现代生物学很早就提出生物之间存在明显的共生演化特点。这是生物群在长期生存发展中形成的生态模式。得益于共生演化,生物之间可以形成共生发展关系,共同应对生态环境变化带来的冲击,使生物群形成能自我调整、自我适应和自我发展的复合体。Moore 就是看到生物群的共生演化特点,提出企业要想生存发展,也需要与周边的环境实现"共生演化"。

把生物学共生演化理论引入社会科学领域,对指导社会科学的发展也有着启迪与借鉴意义。袁纯清在生物学共生演化理论基础上,提出人类社会也需要建立共生演化生态发展模式。他认为,共生就是实现不同共生单元在同一环境下的共存与合作。共生的实现需要具备基本共生要素,如共生模式、共生环境、共生单元等。共生单元之间借助共生环境,在一定共生模式的约束下才能构建真正的共生关系。在共生环境下,共生是发展的前提,发展是共生的更高追求。所谓发展就是在共生环境下,共生单元能够获得全新的发展空间,共生单元之间能相互扶持、相互借鉴,推动共生环境的优化和共生单元各自的成长。

景德镇陶瓷产业也需要构建共生演化生态系统。景德镇陶瓷产业的共生要素主要包含企业、政府、科研机构等单位。景德镇陶瓷产业的共生关系就是实现上述共生单元之间的合作。景德镇陶瓷产业创新生态系统就是构建景德镇陶瓷产业发展的共生环境。现代企业之间构建的技术创新联盟、技术标准联盟就属于共生系统。景德镇陶瓷产业创新生态系统的完善与发展,就是在为共生单元服务,如为企业、科研机构和政府等创建有利的共生条件,保障各种共生要素的有序流动。

当然,景德镇陶瓷产业创新系统的中的共生要素也具有自己的特点与能力,它们也希望通过创新生态系统获得自身的发展与壮大。景德镇陶瓷产业创新生态系统为系统内部共生单元自身的发展也提供了有利的生态环境。从当前景德镇陶瓷产业发展现状看,景德镇陶瓷产业还没有建立与企业发展相适应的共生生态环境。景德镇陶瓷产业总体竞争力相对较低,在很多情况下政府在景德镇陶瓷产业的发展中仍然占据主导地位。景德镇陶瓷产业共生环境的塑造需要充分调动所有共生单元的参与积极性,单靠政府不能真正建立高效运转的服务创新生态环境。景德镇陶瓷产业创新生态系统必须要采取更多优惠措施吸引更多高校、科研机构、企业等政府之外的单位的参与。这样才能真正建立高效运转的、与时俱进的景德镇陶瓷产业创新生态系统,实现创新共生个体与整体的共同进步与成长。

景德镇陶瓷产业创新生态系统在构建中也要重视市场环境、消费者等其他因素。服务创新生态系统的直接受众是生态系统中的创新主体,但是创建系统的最终目的是满足市场消费者对消费的新要求。因此,在构建景德镇陶瓷产业创新生态系统时,除了要纳入企业、政府、科研机构等创新主体要素之外,还需要纳入市场、消费者等外部要素。创新生态系统本身并不是孤立存在的,是一个内外协调的生态空间。同时,不同的景德镇陶瓷产业创新生态系统之间也可以实现有效合作,相互学习、借鉴对方在景德镇陶瓷产业创新生态系统构建中的成功经验。只有建立更广领域、更广地域的景德镇陶瓷产业创新生态系统集群,才能真正为区域整体实力的提升提供充足的服务支撑。近几年,随着景德镇陶瓷产业对创新生态系统重视度的不断提升,适合自身产业发展所需要的生态系统逐渐被建立,这对提高产业创新效率发挥了重要的推动作用。当然,总体上看,目前建立的创新生态系统效率和质量相对不高。未来必须要进一步推动景德镇陶瓷产业创新生态系统的发展,提供真正高效率的资源配置。

第二节 景德镇陶瓷产业创新生态系统健康度研究

产业创新生态系统,就是围绕同一创新目标创建的产业领域的创新组织系统。产业创新生态系统各组成单元之间紧密相连、相互作用,实现各种创新资源的传递与流动,是一种产业创新的动态平衡体。

根据上述对产业创新生态系统的理论阐述,产业创新生态系统具备生态学特点,即各种系统成员之间相互作用、相互关联,推动创新资源的有序流动,推动构建交融性的产业技术创新体系。通过产业创新生态系统的运行,参与系统的创新组织能够不断内化彼此之间的联系,建立产业创新合作统一体。同时,创新系统也要求建立创新网络,创新组织成为创新网络的节点。因为在抵御风险中,创新网络更具优势,可以把各种风险隐患由一个节点转嫁给整个网络体系。总之,产业创新系统的构建,有利于提高产业创新效率,有效防范产业创新风险,因此其健康度判断较为重要。

一、景德镇陶瓷产业创新生态系统健康度判断的依据

景德镇陶瓷产业创新生态系统就是建立在各种产业创新要素之间,通过要素相互连接形成的产业创新生态系统。这种创新产业创新生态系统比单一的产业创新生态系统更具开放性、循环性、层次性、本土性、经济性、演进性和调节性等健康度特征。

1. 开放性

开放性是景德镇陶瓷产业创新生态系统的自然属性和社会属性特征。现代生物生态学认为,生态系统中的各种生物之间的交流与合作具有开放性。景德镇陶瓷产业生态系统的开放性与生物生态系统中的开放性具有很多相似之处,基本运行原理一致。通过景德镇陶瓷产业创新生态系统中的能量流、物质流和信息流的传入传出,系统内部各企业之间的联系更加紧密,它们相互开放创新资源,达到合作共赢的创新效果。从经济学角度看,景德镇陶瓷产业创新生态系统本身也具备市场开放性的特点。社会主义市场经济体制下,景德镇陶瓷产业生态系统也需要不断借助市场渠道获取自己所需要的能量与物质,产品销售也需要依靠市场渠道完成,生产过程中所产生的各种废弃物也需要借助市场渠道运送至系统之外。总之,景德镇陶瓷产业创新生态系统的开放性是其重要的自然和社会属性特征。

2. 循环性

景德镇陶瓷产业创新生态系统与传统的产业系统相比,能够更加顺利地实现产业系统的循环运作。因为,景德镇陶瓷产业创新生态系统建立了独有的反馈机制和循环利用机制。系统内部的各企业之间能够不断反馈各种问题,借助系统力量解决问题。同时,系统内部的各种创新资源的流动呈现循环利用特点,即便是一些系统产生的废弃物也可以被系统回收再利用。因此,景德镇陶瓷产业创新生态系统可以在很大程度上提高资源利用效率,降低创新成本。景德镇陶瓷产业创新生态系统内部的生产资料等资源的循环也不是单一的、简单的、直线型的,而是一种系统内部的多样性、立体式的循环。

3. 层次性

产业创新生态系统中各企业的地位、作用也不是完全平等的,而是一种多层次、立体性的关系。以景德镇陶瓷产业创新生态系统为例,陶瓷产业的物质循环一般具备三个层次:最低层次的循环是企业内部的物质循环,中等层面的循环是陶瓷企业之间的物质循环,高端层次的循环是社会领域的物质循环。针对不同层次的物质循环,可以建立陶瓷生态企业、陶瓷生态产业园区、陶瓷产业生态系统。通过纵向闭合、横向耦合和系统整合,景德镇陶瓷产业创新生态系统可以实现从低到高层次的物质与能量的循环。

4. 本土性

本土性是景德镇陶瓷产业创新生态系统的基本特征之一。所有产业创新生态系统都在某个自然地域领域建立。景德镇陶瓷产业创新生态系统就是自然本土与社会系统在特定空间范围内耦合的结果。区域耦合也是生态学的典型特点。产业可以通过建立区域耦合的物质与能量的平衡关系,实现内部资源和能源的高效利用。

5. 经济性

景德镇陶瓷产业创新生态系统的直接目的是推动产业技术的研发,提高产业盈利能力。因此,景德镇陶瓷产业创新生态系统也具有经济性的健康度特点。景德镇陶瓷产业创新生态系统运营管理的最终落脚点都是提高产业总体科技实力和增强产业总体盈利能力。

6. 演进性

生态演进是生物生态系统的特征。景德镇陶瓷产业创新生态系统也具备生态演进特点。产业的演进就是为了不断推动整体产业结构的优化,实现产业结构的升级换代。景德镇陶瓷产业创新生态系统通过技术创新、产品创新等方式,实现系统中个体与整体的全面发展与进步,即产业通过创新生态系统建立一种动态的产业演进发展模式,实现陶瓷产业的可持续发展。

7. 调节性

产业生态系统与自然生态系统一样,也具有一定的自我调节功能。景德镇陶瓷产业创新生态系统能够开展自我设计、自我组织、自我管理等自我调节。通过自我调节,实现物质与能量在系统内部的有序运转,实现资源的最佳配置。当系统外部环境发生变化时,景德镇陶瓷产业创新生态系统也可以进行及时的内部调整,以适应变化发展的外部环境,建立与之适应的新内部结构,实现内部生态调节。因此,调节性也是景德镇陶瓷产业创新生态系统健康度的基本特征。

二、提高景德镇陶瓷产业创新生态系统健康度的策略

景德镇陶瓷产业创新生态系统为产业发展提供了很多有利条件。完善景德镇陶瓷产业创新生态系统已经成为产业发展的共识。当然,景德镇陶瓷产业创新生态系统的健康度还存在诸多问题,因此有必要提高景德镇陶瓷产业创新生态系统的健康度。未来要想进一步提升产业竞争力,必须要发挥景德镇陶瓷产业团队作战优势,要加强景德镇陶瓷产业孵化器、公共研发平台、投融资平台、产业技术专利转化机制、产业配套系统和法律服务等生态系统建设。具体内容如下:

1. 政府政策

产业技术的创新是一种系统的工程。只有景德镇陶瓷产业内部各环节之间紧密合作,才能真正推动技术创新目标的达成。政府在景德镇陶瓷产业创新生态系统构建中应当发挥催化剂和协调器的作用。政府应当围绕景德镇陶瓷产业创新链条的薄弱环节进行有针对性的指导,使整体创新链条完整。同时,景德镇陶瓷产业创新生态系统运行中如果存在一些不足之处,政府也应当从外部及时予以指导,帮助景德镇陶瓷产业更快查找问题出现的原因并制定解决问题的措施。

当然,政府在景德镇陶瓷产业创新生态系统中仅是外部因素,政府的指导不能取代景德镇陶瓷产业的自我管理,最终景德镇陶瓷产业内部要自我调节。政府对创新链的支持,主要是落实相关优惠政策的制定和重大创新链条的财政补贴等措施。要让景德镇陶瓷产业内部的企业能够感受到政府的关怀。社会主义市场经济体制下,景德镇陶瓷产业主要通过市场渠道获得创新资源,产业创新链的完善与发展也主要借助于市场调节。

政府对景德镇陶瓷产业市场资源的调节主要发挥宏观调控作用。例如在景德镇陶瓷产业创新链的上游,政府可以通过大力扶持科研机构、高校等方式为景德镇陶瓷产业创新提供帮助,对一些重点科技创新可以采取直接财政补贴等方式鼓励。在产业链的下游,政府主要通过财政、货币手段为高科技成果的转化提供

帮助。

２．创新群落机制

在经济全球化时代,景德镇陶瓷产业要更加重视创新群落的组建,可以通过建立景德镇陶瓷产业创新生态系统,让所有的创新群落之间形成更加有序的生态运营态势。

从产业链角度看,景德镇陶瓷产业需要开展技术研发、产品设计、原料获取、生产加工、营销、售后服务、品位塑造等所有产业链条节点的塑造。产业链的竞争是一种整体的竞争,各个链条节点应当积极参与建设,为提升产业链的整体竞争力提供帮助。

从微笑曲线看,产业链条的两端是链条最重要的组成部分。产品技术一端事关企业产品技术含量,具备高科技含量的产品才能获得客户的青睐。产品营销一端事关营销渠道的顺畅,要提高客户服务能力,让客户能够顺利地采购产品,获得高质量的产品消费服务体验。中间生产加工环节尽管是产业链中价值含量最低的环节,但是也不能忽视。要采购高质量的生产设备,创新生产工艺与流程,提高生产者的生产素质与能力,降低生产成本。总之,建立景德镇陶瓷产业创新生态系统就是建立产业链条上、中、下三个端口的有机统一体,这样才能提高整个产业链条的竞争力。

３．产学研合作机制

产学研合作是现代市场经济中常见的经济行为,通过产学研合作可以实现资金、技术、科研力量等资源的整合与优化。从产学研合作机制看,其与景德镇陶瓷产业创新生态系统也具备一些共通之处。产学研合作要求企业、高校与科研机构合作,共同开展科技研发工作,提高科技研发效率。景德镇陶瓷产业创新生态系统也需要各组成单元之间紧密合作,形成创新生态发展模式,打造创新生态系统的龙头企业。具体做法有如下三点。

一是政府必须要大力扶持景德镇陶瓷产业创新生态系统,要鼓励创新系统内部也开展积极有效的产学研合作。政府可以选择景德镇陶瓷产业创新生态系统内部的一些重点科研项目,建立"大企业支撑大科研,大科研支撑大企业,大企业带动中小企业配套研发"的产学研合作格局。

二是把产学研合作的一些成功经验直接嫁接到景德镇陶瓷产业创新生态系统之中。例如鼓励创新系统内部的企业与地方科研院校等建立科技研发联盟等。

三是借鉴产学研合作经验,建立景德镇陶瓷产业内部利益分享与风险共担机制。

４．"大产业"模式

通过优势龙头企业的带动,构建"大产业"发展模式,开展景德镇陶瓷产业创新生态系统的构建,是一种最为成熟的做法。龙头企业在景德镇陶瓷产业中处于核心地位,在资金、技术、人力等方面更具优势。因此,龙头企业与景德镇陶瓷产业内部其他企业相比,在创新生态系统中应当发挥更大作用。从某种意义上看,景德镇陶瓷产业的竞争优势关键看产业内部龙头企业的实力。景德镇陶瓷产业内部的龙头企业通过技术共享、资源扶持等方式可以推动其他企业的发展,其他企业也可以为龙头企业进一步做强做大提供帮助。在景德镇陶瓷产业内部,龙头企业数量不应过多,否则也会产生龙头企业之间的恶性竞争,不利于景德镇陶瓷产业的成长。一般而言,景德镇陶瓷产业内部龙头企业的数量不应超过三家。

构建"大产业"模式,龙头企业应当发挥带头作用,中小企业主要参与龙头企业组织的各项科技攻关等工作。当然,中小企业一些自身的科技创新工作也需要龙头企业予以大力的支持。景德镇陶瓷产业内部应当通过行业协会协调彼此关系,例如通过行业协会整合产业资源、确定统一的产业技术创新目标等。简而言之,行业协会应当具备协调技术研究机构、收集散布产业信息、推广出口、开拓国际国内市场等功能。

"大产业"模式下,产业要建立科学完善的指挥系统。指挥系统主要由龙头企业、行业协会和政府部门共同组成。龙头企业在指挥系统中应当占据相对优势地位,负责景德镇陶瓷产业整体发展规划设计,行业协会主要协调景德镇陶瓷产业内部各成员之间的关系,负责具体的景德镇陶瓷产业技术研发等指挥协调工作,政府主要从宏观层面为景德镇陶瓷产业的发展提供发展远景与发展模式等方面的规划指导,明确景德镇陶瓷产业未来发展方向等。

第三节 景德镇陶瓷产业创新生态系统的治理机制研究

景德镇以"瓷器之都"的美誉闻名中外,陶瓷行业作为景德镇的主要产业,历经多年的发展和精细化改造已经形成了日渐完善的工业体系。但是,伴随着产业化转型的加快,景德镇的陶瓷产业在发展和壮大的过程中也暴露出了一些问题。在陶瓷产业创新生态发展的阶段,各个创新主体之间不断竞争和合作,受到来自多方因素、模式和治理机制的影响。对于治理机制的建立而言,推进产业的不断创新继而获得产业优势,实现可持续发展才是其最终目标。为实现目标,一方面可以从多中心治理理论的角度出发,不断完善陶瓷产业的创新生态系统;另一方面,可以立足于不同方面来进行产业创新生态系统的相关治理机制的研究。

一、政府机构在陶瓷产业创新生态系统中的治理机制

不同的地方政府在当地产业发展过程中的介入阶段、时间虽然各不相同,但其呈现出的功能定位却大同小异。政府在产业创新和生态发展过程中呈现的功能定位主要有两点:一是为产业发展提供宽松的创新条件;二是对创新主体起到管理和规范作用。

就地方政府的行政职能而言,其具备行政管理、法律约束、舆论导向等管理职能。在对产业的区域品牌管理上,与许多企业和自发的行业协会组织相比,地方政府具有无法比拟的优势之处。

二、企业在陶瓷产业创新生态系统中的治理机制

企业在产业的发展过程中作为创新生态发展的行为主体,其呈现出的治理功能主要有两点:一是规避产业企业之间存在的机会主义;二是可以指定有效的创新激励机制,鼓励企业进行创新和发展。

1. 规避产业企业之间存在的机会主义

一般而言,中小型陶瓷企业在产品生产的过程中多是采取简单的再生产模式,形式较为粗放,主要看重即时的利益。从短期的经济效益来看,这些中小企业的存在不仅在一定程度上解决了景德镇本地的就业问题,还增加了本地的财政收入;但是,从长期利益的角度出发,未能形成规模化生产的中小型陶瓷产业在生产的过程中往往会造成原材料、人力、物力等多方面的浪费。除此之外,中小型企业在产品研发过程中的自主创新能力较差,主要以简单的再生产模式为主,如果其与规模化的大型企业生产周期临近,那么在产品销售的时间上必然也相隔不远,就会产生激烈的竞争。

2. 完善有效的企业创新激励机制

一是不断加强信息库的规范化管理。通过不断完善的网站建设,多角度、全方面地收集国家政策、管理机制和高新技术等方面的知识内容,继而构建完善的大型资源库,以此来最大程度地发挥出创新服务平台的优势和作用。

二是不断完善创新人才培养体系。在创新人才的引进、培养和管理上,鼓励使用全员聘用制,通过竞争上岗的管理模式,将专业技术职称评定与岗位聘用相互匹配,建立完善的人才管理模式,加大人才引进力度,以形成对产业实现可持续发展大有裨益的创新人才培养体系。

三是推动陶瓷产业园区产业发展模式,重视陶瓷产业园区的土地储备。在陶

瓷产业园区规模化发展的过程中必然离不开占地面积的扩大,陶瓷产业园区相关企业应该重视资金的注入,加大对园区基本设施建设的力度,为项目的发展和落地提供基本的支持,给予一定的发展空间。

四是全面培育龙头企业,加强企业相互之间的交流与互动,进行资源整合,以更好地通过优势互补和互通有无应对激烈的竞争。除此之外,还应加强招商引资的力度,为企业发展注入新的力量。

三、行业协会在陶瓷产业创新和生态发展过程中的功能定位

在陶瓷产业发展过程中,行业协会作为创新网络构建过程中的重要组成部分之一,在产业内部作为纽带发挥着衔接作用,推动着政府、企业、科研机构与金融机构之间的相互交流、作用和融合,是陶瓷产业发展过程中创新生态治理的重要主体。与其相关的治理机制主要有五点。

一是改善行业的自律机制,逐渐构建起完善的自我约束和管理机制。就景德镇而言,陶瓷行业的繁荣发展也带来相关问题,市场行为相对混乱、知识产权不够明晰、假冒伪劣产品时常出现、人才竞争日益激烈都使得陶瓷行业的可持续发展受到影响。正因如此,相关的行业协会应制定完善的陶瓷行业约束机制,对不符合规范的运行机制进行管理,严格按照法律规章进行行业规范,一旦出现弄虚作假的行为严肃处理,追究相关主体责任。完善的行业自律体系,使社会上的行业协会在发展过程中有章可循、有法可依,在发展过程中可以更好地意识到自身的社会责任,在发展过程中主动传递规范信息、打击假冒伪劣产品、重视产权保护,继而从根本上提升自我约束、管理和服务的能力与效率。

二是加强对行业协会的监督。若想从根本上改变过去行业协会管理混乱、监督薄弱的情况,就必须切实加强和完善相关体制,改善过去重登记轻实效的状况。21世纪以来,为了促进陶瓷行业的蓬勃发展,推动景德镇瓷的全球化发展,景德镇市瓷局应运而生。与此同时,一方面,应加强行业协会评估体系的科学性,在提升其可行性的同时,不断细化各项评估指标,提倡信息公开化和重大活动报告机制的建立。在行业评比中,采取公平、公开的考核机制,通过第三方委托进行行业协会的监督和评估,并真实地向社会公布结果。另一方面,对行业协会的认定、注册、运行和退出都应制定一套完善的方案,对准入门槛的条件应严格审核,形成行业协会后更应明确监管主体,防止出现有失公允的情况。特别是行业协会退出机制的制定,应该接受社会公众的监督,一旦出现违规现象,立刻进入黑名单,不再接受重新申请。

三是增强对行业协会的培育和促进,其中不仅仅包含着技术层面的开发、咨

询、应用和服务,还包含着信息的互通有无等。在知识经济时代,受到市场变化的影响,技术行业协会基于专业的知识背景和技能,不断与不同的企业主体建立密切联系,一方面能够为科技创新活动的开展提供一定的帮助和服务,另一方面也能在一定程度上帮助企业等降低创新风险,在推动科技成果转化的过程中发挥不可替代的作用。景德镇的陶瓷行业作为传统行业,在发展过程中形成了数量较多的行业协会,为了保持自身的行业竞争力,对新技术、设备和工艺有着不同的需求,但是鉴于若技术行业协会在发展过程中不能够完全做到及时传递信息,就会导致政府、科研机构、高校与企业之间的沟通渠道不够完善,使得陶瓷产业的发展步伐受到制约。因此,为了更好地促进当地的陶瓷产业发展,政府也应积极鼓励高校和相关科研机构建设自身对应的行业协会,努力做到产学研结合,畅通沟通渠道,使生产需求和技术转让得到较好的对接。行业协会也需要不断地完善自身的管理,发挥出自身的作用,通过政府支持、社会资助、有偿服务等形式,实现创新和评估的多元化发展和进步,通过技术推广、知识交流等实现资源的共享。

四是优化行业协会的管理机制和自律规范。行业协会在发展过程中,逐渐构建完善的自我管理、自我约束的管理规范。但景德镇陶瓷行业在蓬勃发展的同时也暴露出一定的问题,如不合理竞价、知识侵权、人才流失、假冒产品频出等。除此以外,非法的陶瓷展销会屡见不鲜,不仅在一定程度上破坏了行业竞争秩序,还对中国陶瓷行业在国际市场上树立良好口碑产生不利影响。因此,应修订和细化陶瓷行业的自律公约,促进行业协会运作的规范化和制度化,遏制弄虚作假的不良行为,并依法对相关人员追究责任,促进行业发展。除此之外,不断健全和完善切实可行的规章制度,还可以促进行业协会在发挥自身中介功能的同时,在日常工作和事务的处理中有章可循,继而规范自身的行为,使得相关的经营活动可以有序进行,提升行业协会的服务效率和综合能力。

五是注重引进和培养高精尖陶瓷人才。就景德镇而言,其在陶瓷教育、研究等多方面有着多年积淀带来的优势,该市的陶瓷从业人员多达 10 万人,长期以来,在该区域形成了较为完善的发展体系,显示出了其他陶瓷产区不可比拟的优势。在高素质陶瓷人才的引进和培养过程中,不仅应重视研发人员,还应该关注陶瓷行业中介人才,充分利用相关的资源优势,加大对相关人力资源的管理和开发,通过创新、开拓意识的提升,切实促进其全面发展。与此同时,行业应构建起较为完善的内部激励机制和竞争机制,加强行业从业人员的资格认定和管理,通过人才之间的合理流动,形成知识、技术层面的深入交流,取其精华去其糟粕,在传统技艺的基础上不断推陈出新,以更好地获得长足的进步和发展。

四、大学及科研机构在陶瓷产业创新生态系统中的治理机制

就目前情况而言,景德镇陶瓷产业通过多年的发展和创新已经形成了相对完善的科研机构体系,除了 5 个陶瓷研究所之外,还有专业的陶瓷大学、陶瓷工艺职业技术学院等高等院校。

高等教育培养的陶瓷技术人才和艺术人才进入企业后努力将自身掌握的知识应用到实际的研发和生产过程中,这在很大程度上促进了产品的更新换代,给产业带来新的生机。高校和科研机构作为培养高精尖人才的重要场所,为学生带来知识的传递和共享。企业的创新和与时俱进必然离不开人才的加入,他们为企业创新、技术提升贡献着不可磨灭的力量。现如今,伴随着社会进步和科技发展的日新月异,高等教育的内容也变得日趋多元,不仅仅包含基础知识的传播,更是涉及设计、技术、业务培训等多个方面的教育。企业通过与高校、科研机构的交流,获得前瞻性的信息与知识,有利于整个陶瓷行业的可持续发展。

五、金融机构在陶瓷产业创新生态系统中的治理机制

鉴于创新的过程不是一蹴而就的,而是需要多方面的支持和考量。在创新的过程中,无疑离不开金融机构的支持。金融机构在陶瓷产业创新发展的过程中是不可或缺的组成部分,其展现出的生态治理功能有以下三点。

一是加快信贷结构调整的步伐,以更好地推动经济结构的不断优化,拓展陶瓷产业发展格局。经济结构问题的日益凸显使得金融机构的调整迫在眉睫。金融机构在进一步调整的过程中,应坚持以高新技术来推动传统陶瓷行业的优化,从多角度出发,改变景德镇较为单一的生产模式,继而实现在日用陶瓷、艺术陶瓷、建筑陶瓷与工业陶瓷多方面、全方位的发展格局。

二是努力加强陶瓷企业的技术升级和产品优化,提升企业自身的市场竞争力。若想在激烈的陶瓷行业竞争中脱颖而出,不仅应发挥传统的产业优势,更应该不断创新,结合自身特点,进行产品结构的优化,研发新的陶瓷产品,树立品牌,打造亮点。在陶瓷行业发展过程中,金融机构在陶瓷产业研发、人才培养、园区建设方面均显得至关重要。陶瓷企业从最初的粗放式发展到产业链的不断延长和完善均离不开金融机构的资金支持。有了充足的资金保障,陶瓷产业可以更好地提升自身产品的附加值,从劳动密集型产业逐渐向技术创新型产业转化,大幅度提升陶瓷工业的科技水平和艺术性。

三是对民营陶瓷企业进行扶持,使其树立起品牌效应,拓展企业规模。一方

面,加大对其的信贷支持,通过改善现有的企业信用等级评定,争取实现审核标准从侧重企业规模到重视效率、成长性等多方面的衡量,以此来改善金融机构在民营企业信贷批复过程中存在的信用歧视等情况,更好地保障企业发展需要的资金支持。与此同时,也可以借鉴西方国家的经验,通过对信用资料的评估,针对民营企业实行小额信贷的信用评分机制。金融机构可以根据国内民营企业的实际情况,在广泛开展研究调查的基础上建立起切实可行的民营企业信用级别评定机制,并有针对性地降低相关机构对民营企业的抵押贷款收费。民营企业融资难是在市场经济中的普遍问题,主要困难就存在于担保和抵押过程中。民营企业在经营过程中遇到资金问题,进行抵押时涉及评估部门、银行、土地管理部门、资产评估机构、工商部门等,多重的收费使其压力增大,消减了企业办理信贷的积极性。但与此同时,金融机构也应该对其相关资质严格审核,更好地在鱼龙混杂的陶瓷市场环境中为具有发展潜力的企业提供的资金保障。

第四节 景德镇陶瓷产业 R&D 创新生态环境的生物成分及其关系研究

一、景德镇陶瓷产业 R&D 创新生态环境的内涵

近年来,对于景德镇陶瓷产业的相关研究越来越多,人们也随之发现了在景德镇陶瓷产业发展过程中存在的诸多问题,比如生态环境越来越差、信用程度不高、创意 R&D(研究与开发)的无序化、不良竞争的出现以及产业的相对竞争力呈下降趋势等。这些现象使人们不得不将生态纳入景德镇陶瓷产业未来发展思考的范畴,并且逐渐作为当前的热点研究主题之一。本书主要是根据生态经济理论指导,试图将"R&D 创新"加入"生态环境"中来比较研究。但需要注意的是,本书并不是简单地将创新环境完全当作生态环境,而是利用生态环境中的专业词语去构建景德镇陶瓷产业的 R&D 创新理论。

各个学者从不同角度对创新生态环境进行深入研究,所以对其的定义也有不同的侧重点,具有很大的差异性,例如对创新生态环境的理解有"创新网络系统""有机整体"抑或是"技术创新体系"等。这些理解很明显存在着许多不足,它们在不同程度上忽视了这个系统的重要特征,即生态学特征。从生物圈的功能和结构上来看,生态环境是一个基本单位,而对它的概念理解也要从多个方面入手,特别是应从生态环境的生物成分入手,判断该系统的组成成分是什么、成分之间的关

系等。只有这样,才能对"生态环境"这个概念有科学、完整的认识。

通过对以前学者研究结论的借鉴和对生态环境理论的研究,本书试图对景德镇陶瓷产业 R&D 创新生态环境做出一个定义:"在特定的地区范围和景德镇陶瓷产业内集聚的各种不同形式的 R&D 组织,它们为了相同的 R&D 创新目的,相互之间联系密切,并与其他有关环境彼此影响,利用资金流动、知识共享和人才流动,形成一个集独特空间、固定结构、完善功能为一体的动态平衡整体,这也就是我们所说的景德镇陶瓷产业 R&D 创新生态环境。"

根据上面的定义我们能够知道,R&D 创新生态环境实际上就是指彼此有关联的创意创新组织和与其相关的外部环境,其中各主体借助特定的机制相互影响、互相作用,而且通过这种机制能够促进能量的循环使用、促进信息共享和知识的流动。同时创意创新组织与其他组织在完成 R&D 创新的过程中彼此相关联,完成资源互换并向更加系统化和网络化的新组织模式发展。

创建 R&D 创新生态环境的目的是解决景德镇陶瓷产业现行 R&D 创新环境下存在的突出矛盾,也就是创意创新的现实要求和创意组织的低创新能力、创意资源有限之间的矛盾,从而指导 R&D 创新组织充分借助外部的创意资源去推动关键创意技术的发展,最终完成创意目标。除此之外,R&D 创新生态环境的创建还有利于全面提高景德镇陶瓷产业 R&D 创新网络的抗风险能力和应对外部竞争的能力,而所有相关各方都会在这一过程中得益。

二、景德镇陶瓷产业 R&D 创新生态环境的生物成分分析

对于景德镇陶瓷产业 R&D 创新生态环境而言,其生物成分主要是指景德镇陶瓷产业 R&D 创新活动的参加各方,也就是 R&D 创新主体。而 R&D 创新主体就是拥有一定 R&D 创新能力并且亲自组织 R&D 创新活动的个人或者是社会团体。在 R&D 创新范畴中,其创新主体主要有下面 4 个特点:一是拥有决策 R&D 创新活动的权力;二是有一定的能力去完成 R&D 创新活动;三是能够负责 R&D 创新活动和承担风险;四是能够得到来自 R&D 创新活动的收入。

R&D 创新同样包括技术创新、制度创新和知识创新。技术创新的主体是企业,制度创新的主体是政府,知识创新的主体则是教育机构和科研机构。所以说,创新的范围是非常广泛的,从事创新的人也是多元化的,因此我们可以从不同的角度区分 R&D 创新主体。从 R&D 创新主体在开展 R&D 活动时运用的形式来划分,可以将 R&D 创新主体区分为个体、群体和国家主体;从 R&D 创新主体设计的创新内容上来看,可以将主体划分成 R&D 理论创新、R&D 文化创新、R&D 制度创新等主体。R&D 创新主体不同,所对应的素质要求也不一样,而 R&D 创

新能力往往取决于R&D创新素质的强弱。所以,R&D创新能力的提升主要取决于创新主体和主体的素质两大主要因素。

总的来说,景德镇陶瓷产业R&D创新生态环境的生物成分主要由政府、教育机构、科研机构、企业、中介机构等组成。通过景德镇陶瓷产业这个载体,每个生物成分利用资金流、知识流、信息流等的集聚和转移来实现景德镇陶瓷产业R&D创新能力的进步,如图3-1所示。

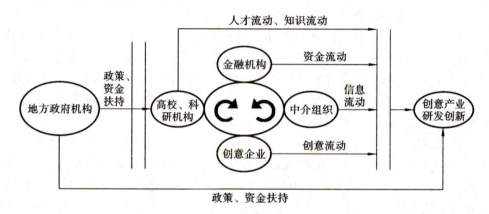

图3-1 景德镇陶瓷产业R&D创新生态环境的生物成分及其作用

从图3-1中我们知道,政府、科研机构等各大R&D创新主体借助景德镇陶瓷产业的价值链和创新链发挥着各自的影响,通过不同形式的长期R&D合作和沟通,一起推动景德镇陶瓷产业R&D创新能力的提升。我们还可以进一步分析各主体在景德镇陶瓷产业R&D创新生态环境中的位置。

1. 政府——R&D制度创新主体

政府主要是利用注入资金和提供政策的方式去支持R&D创新主体开展有益的创新活动。目前我国创意市场机制还不健全,所以在景德镇陶瓷产业R&D创新活动中政府的影响就特别重要,它能够给创意创新活动许多方面的支持,包括政策法律支持还有资源环境的支持。而政府也应该更加清楚自己的角色定位,充分发挥自身的强大影响和作用,做好宏观调控和制度监管,对活动的开展进行积极引导和资金支持,给予创意工作者和创意活动充分的保障等。除此之外,当景德镇陶瓷产业处于低谷时,作为关键主体的政府也应该投身到创意活动中去。

2. 创意企业——创意创新主体

所有创意的开始和结束都来自企业,创意企业主要供应资金和创意技术,所以成为技术创新的主体。而众多同行业的创意企业组成了景德镇陶瓷产业,它们以盈利为天职,自主进行生产经营,具有一定的市场承受力和自主创新能力。企业首先会对创意市场进行深入的分析,然后进行新的创意R&D,并结合完善的营销体系最终完成整体的创意创新而赢得额外收益。

3. 高校、科研机构——R&D 原始创新主体

高校、科研机构主要提供的是人才和技术。高校是非营利组织,它的第一职责是教授知识、进行人才的教育培养。高校对新知识和技术进行积极开发、传授和运用,是创新活动最直接的参与者,这在整个生态环境中表现出极大的"溢出效应"。所以,高校是 R&D 创新的主要发源地,它为景德镇陶瓷产业 R&D 创新生态环境提供了知识、人才和技术。与高校的功能相似,科研机构也是创意研究的主干力量。

4. 创意中介机构——R&D 创新服务主体

中介机构作为 R&D 创新主体主要负责主体间的信息传递和中介业务。中介机构连接创意 R&D 提供方和创意 R&D 使用方,作为中间人的角色为创新主体进行专业的创意咨询服务。它在创新生态环境中有很大的影响,主要负责主体间的沟通、创意的整合和扩展等,能够加快新创意的传播速度和加快转化创意成果。

中介机构可以划分为以下两种:①公共服务机构。它的组成部分有很多,其中主要的有创意市场、事务所、人才市场等。公共服务机构主要为各种活动提供所需资源,创意市场是一个信息交易的平台,主要负责创意的宣传、使用和转化创意成果等,能够一定程度上提升 R&D 创新效率;人才市场主要负责活动中创意人才问题的解决,能够较好地进行人员的科学配置;各种事务所主要提供的就是各种相关信息的咨询工作。②代理机构。这类机构是由创意行业协会组建而成的,这类服务组织通过开展各种会议和创意活动促进人员间的交流。这类代理机构可以利用地理位置上相近这个优势,提高创意人员彼此交流的强度和次数,保证创意信息能够及时、高效地分享和使用,最关键的是它能够将没有编码的创意信息传播出去。

5. 金融机构——R&D 创新投入主体

金融机构主要为景德镇陶瓷产业投入大量资金。在现代经济体系中,金融是核心力量,任何产业集群的发展和技术的 R&D 都少不了它的投入。而稳定的金融市场环境更是产业快速发展、创意 R&D 能力提升的前提和保证。如果说创意企业的心脏是创意技术的话,那么金融则是维持创意生命的血液。将科技和金融完美地融合,才能给创意企业提供一个良性互动的完美系统。金融机构是景德镇陶瓷产业 R&D 创新生态环境中很关键的组成成分,它最明显的优势就是为生态环境供应必不可少的资金和所需的物资。

三、景德镇陶瓷产业 R&D 创新生态环境生物成分的利益关系

20 世纪 80 年代,弗里曼在《战略管理——利益相关者方法》一书中第一次谈到的"利益关联体"理论,与学术界一贯熟悉的"股东至上"相比,该理论主要强调了企业发展和相关利益群体在企业经营中的投入和参与程度关系紧密。为了实现企业利益的最大化,企业管理者应该全面关注利益关联体的整体利益,而不能仅仅将目光放在个别主体利益上。实际上,这一新理论的提出有助于指导企业 R&D 创新。本书将以这一理论为基础,就景德镇陶瓷产业 R&D 创新生态环境中不同生物成分之间的利益联系做出分析。

基于这一理论,在景德镇陶瓷产业 R&D 创新生态环境中,其利益关联的各方必有专门投入,并承担了相应的风险,或做出了其他有形或无形付出,因此全部利益关联者都应有权分享产业 R&D 创新活动的结果。在景德镇陶瓷产业 R&D 创新生态环境里,无论是政府、科研机构、创意中介、金融还是企业,均发挥了不同作用,共享利益。本书以政府和企业机构两大主体为核心,剖析两者和其他主体的利益联系,如图 3-2 所示。

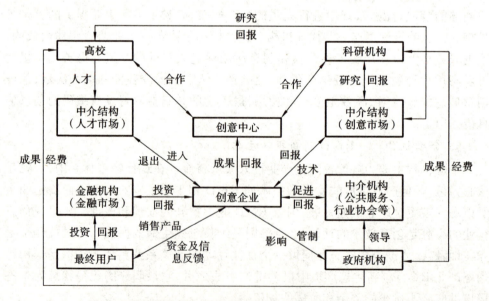

图 3-2 景德镇陶瓷产业 R&D 创新生态环境各种主体关系图

首先,创意企业是 R&D 创新生态环境中的核心之一,和体系中其他主体均有

万千关联,与其他各主体一起促进创新生态环境。尽管创意企业受政府行政管控牵制,但是反过来讲,创意企业行为也会影响政府策略;创意企业孵化器之类的中介机构则在推进企业进步之时,也得到了与之相符的物质回报;创意企业用户在享用创意产品的同时,将其需求和意见反馈给企业,也会推进创意企业创新R&D的进步;金融机构提供资金帮助企业进行创新,并因企业经营发展获得报酬;创意中心提供创意支持企业R&D创新,也因企业经营得到回报;创意人才为创意企业发展提供智力,获得劳动报酬且具有较好的流动性;创意市场为企业供应技术,并得到相应酬劳;高校等科研机构对于企业的影响十分多样,既有直接作用也有间接影响,与企业发展相互促进。

第二,政府肩负对企业和市场的宏观和微观的行政管控职责,为创意企业R&D创新提供良好的环境是其义务。为了促进创意企业创新活动,政府会采取多种手段,例如为创意成果R&D研究项目立项、增加创意基础设施投入、创立创意孵化器、创建创意产权交易市场等手段,影响和促进企业的创意R&D创新。与此同时,政府政策作为企业的环境要素,必然对企业产生深远影响,所以政府也会通过调控政策影响其他R&D创新主体。

第三,高校既能够培养创意人才,为人才市场提供资源,还能够为创意市场提供创意资源,并因此获得利益。因此高校与创意企业之间的联系十分密切,事实上,许多高校完全可以或已经创立了自己的创意企业。科研机构不仅能够提供先进的理论研究成果和技术,还可以与创意企业R&D部门合作,直接影响企业R&D创新。不仅如此,科研机构也完全可以创立自己的创意企业。

第四,景德镇陶瓷产业R&D创新生态环境中最为常见的中介机构主要有创意企业孵化与促进中心、人才中介、创意中介、专利机构、创意信息平台、创意咨询及评估机构等。其中创意企业孵化与促进中心的主要作用在于发展企业R&D能力,增强企业创意能力;人才中介作用在于引导并促进创意人才在市场中的流入和流出;科技中介则作为高校、科研机构和企业之间的纽带,能够同时得到高校、科研机构和企业的双重回报;专利机构、创意信息平台、咨询和评估机构等单位则能够提供环境中其他主体的运作所需要的支持。

第五,金融机构从各种渠道获得大量资金,将其投入给企业,从而获得相应回报。

第六,最终用户是创意企业进行创意产品营销的主要对象,最终用户的需求是企业进行R&D创新的动力。他们不仅从企业R&D创新中获益,也深刻影响着创意企业的发展。

四、景德镇陶瓷产业 R&D 创新生态环境的多主体治理结构模型

多主体治理相关理论近些年在公共管理领域中崭露头角,其作为一种新理论逐渐被大家所熟知。它是指在社会公共事务的管理过程中,政府与市场、组织和个人群体之间不断建立起深层次的信赖合作关系。除此之外,各主体积极寻找政府外的治理中心,以充分保障治理体系的管理效率和活力。

景德镇陶瓷产业 R&D 创新生态环境的治理结构是依托创新生态环境的不同生物成分而构建起来的,其关系着生态环境生物成分之间的权力分配。该治理结构的构建是以地方网络系统为基础、通过创新生态环境内部各个成分主体之间相互影响而演化而来的。区域创意 R&D 创新网络的治理应积极地运用地方力量,特别是区域政府、企业、科研机构、金融机构等。基于此,本书认为,应在多主体治理理论基础上构建景德镇陶瓷产业 R&D 创新生态环境的结构模型,如图 3-3 所示。

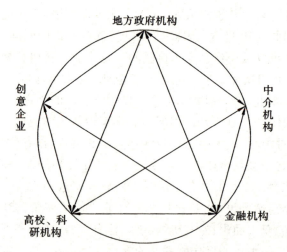

图 3-3 景德镇陶瓷产业 R&D 创新生态环境的多主体治理结构模型

由图 3-3 可以看出,景德镇陶瓷产业 R&D 创新生态环境的治理需要多方的力量共同来实现,只有多方形成合力,产生影响,不断地协调各方的内部联系,才能推动景德镇陶瓷产业 R&D 创新生态环境绩效的提升。主要路径包含:第一,从区域政府、企业、科研机构、金融机构等多个主体的角度出发,为产业谋取利益,继而促进景德镇陶瓷产业 R&D 创新生态环境的治理,多主体治理将原本的单一中心权力替换掉了。第二,多中心的治理主体都根据自身的实际情况,在适合自身

发展的活动区域内谋取发展,景德镇陶瓷产业在 R&D 创新生态环境构建的过程中也不能破坏自身结构的稳定性。第三,多主体治理主体之间相互博弈,在合作的大氛围内彼此促进,不断促进景德镇陶瓷产业 R&D 创新生态环境治理结构的调整和优化。第四,景德镇陶瓷产业 R&D 创新生态环境在多主体治理的过程中不断进步,对各个行为主体产生了影响,促进其创新发展。各个主体之间的不断竞争将对景德镇陶瓷产业 R&D 创新绩效的提升和其治理结构效率的提高产生重要影响,起到积极的推动作用。

第五节 景德镇陶瓷产业生态系统评价研究

一、研究背景

文化创意产业已经开始作为世界许多地方的支柱产业获得各方支持,文化创意产业的提出是从英国开始的。2006 年以来,韩国政府也对电子竞技、音乐和网络商务方面的创意产业进行了政策倾斜。而日本政府则重点发展动漫产业,全球化的创意时代正在到来。众多发达国家已经形成共识,文化创意产业是经济增长方式转变的有效途径,中国政府也开始意识到这一点。

创意产业是一种新型产业集群,它是全球化时代下以网络技术等高科技技术为支持,结合现代文化、艺术、社会和经济的需求,跨越地域、跨越国家、跨越地区和跨越行业的面向精神文化需求的新型产业。凯福斯指出,创意产业不仅仅提供书籍、电视、电影、戏剧、舞蹈等艺术表现形式,也提供动漫和游戏,它是一种较为宽泛的产业和服务,具有与文化艺术、娱乐时尚紧密联系的各种产品或者服务形态。他认为,创意产业的需求是不确定的,随创意者和消费者的关注而改变;创意产品不仅仅是单一要素的简单集合,还具有特别强烈的差异性、区分性、持续性、长期性和独特性;时间是创意产品传播和销售的关键要素。目前国内对于创意产业的界定还较为模糊,对于其发展模式、演进路径的分析还不到位。实际上,产业的发展模式或演进路径就是在特定的时空约束下,对产业发展机制的抽象概括。中国创意产业的发展基本都是以某种产业集聚形式为载体和依托的。

从景德镇文化创意产业的发展来看,红店街和雕塑瓷厂是正在形成的较为规范的文化创意产业集聚形态。红店街模仿北京粉房琉璃街的产业发展方式,通过前店后厂的改造,使景德镇经典的陶瓷文化遗产得以保留下来,成为景德镇陶瓷手工艺术的展示长廊,这种产业形态所带来的社会效益和经济效益是极为明显的。而截至2012年,雕塑瓷厂内有200多家陶瓷文化创意企业进驻,十几位中国工艺美术大师开设工作室,成为景德镇中小陶瓷文化创意企业孵化的重要基地,实现产值近亿元,并成为江西省著名的"服务业基地"和"文化产业创意基地"。红店街和雕塑瓷厂还将在不断前进中传承、发展、创新传统陶瓷文化。

此外,2009年7月,江西省发展和改革委员会批复同意在景德镇建立江西省首家文化产业创意基地:景德镇陶瓷产业基地。由此,景德镇开启了传统陶瓷文化转型的序幕,在这一产业基地中形成了两大创意产业形态:以高新技术陶瓷为代表的创意产业和以陶艺工作室为代表的创意产业。改制后的建国瓷厂充分抓住陶瓷文化创意产业的历史机遇,投资600万,建设了集明清御窑瓷器手工制作与现代陶瓷生产为一体的建国陶瓷文化创意园,实现了企业的再度腾飞。曙光瓷厂通过旧厂房改造,建设陶瓷创业基地,成功孵化中小企业138家,提供1600多个就业岗位,年产值近亿元。景德镇正在文化传承和保护中,大力发展新兴陶瓷文化创意产业,推动千年瓷都的再次复兴。

本节从创意产业集聚的空间和时间范围出发,以产业集聚的相关利益主体为研究对象,以产业集聚的生态环境为系统,构建景德镇陶瓷产业生态系统,对实现景德镇陶瓷产业资源的优化配置具有较为重要的理论和实践意义。

二、景德镇陶瓷产业生态系统的构建

1. 构建原理

景德镇陶瓷产业生态系统是按生态经济学原理和知识经济规律组织起来的符合生态系统承载能力、具有高效的经济过程及和谐的生态功能,以及符合景德镇当地经济发展规律和要求的陶瓷产业网络化生态经济系统。这里以循环经济理论为基础,以陶瓷文化创意产品的研发、生产、销售、回收利用等技术为手段,以陶瓷资源的最大化利用和陶瓷文化创意产品的"节能""减排""降耗""提效"为目的,研究生产制造过程遵循制造3R原则。结合景德镇陶瓷产业的发展现状及区域经济发展要求,本部分从陶瓷文化创意产品的生产要素输入、生产要素加工、生产要素输出和技术加工资源循环四个过程,研究形成生产制造要素流动与自然生态系统物质循环相拟合的产业生态循环系统。基于这样的构建原理,下面从产业内资源利用、产业发展效益和产业技术创新三个方面对陶瓷文化创意产业生态系统流程进行剖析,从而设计符合景德镇陶瓷产业特色的生态系统。

2. 产业生态系统的总体框架

根据自然生态系统论和产业生态论,结合景德镇陶瓷产业价值链的流向,本书构建了如图3-4所示的景德镇陶瓷产业生态系统流程图。

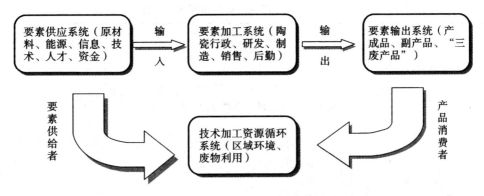

图 3-4　景德镇陶瓷产业生态系统流程图

以景德镇城市区域产业系统为分析对象,根据 IE 要素决定理论分解产业流程,景德镇陶瓷产业生态系统整体系统和子系统层次鲜明。首先有要素供应输入要素加工系统,包括"自给"和"外引"要素。通过区域内要素加工系统生产出相对应的陶瓷产品;生产过程中会有大量的副产品和三废产品的输出。然后通过要素供给者回收消费者、生产者的产品"代谢"物,通过技术加工,实现区域内废物利用、区域环境和产业经济循环。

三、景德镇陶瓷产业生态系统评价指标的设计

参考循环经济理论、产业竞争力理论(industrial competitiveness)、要素禀赋理论和 IE 要素决定理论,我们认为景德镇陶瓷产业生态系统应包括要素输入系统、要素加工系统、要素输出系统和技术加工资源循环系统四大组成部分;对影响要素及其评价指标的设计应遵循简易性与可比性相结合、空间层次性和时间阶段性相统一、客观性与引导性相结合的原则。以下具体指标的计算期均以一年时段为标准,均属于动态指标,便于在进行专家评分时进行比较。

1. 要素供应系统的评价要素及指标设计

景德镇陶瓷产业生态系统要素供应系统主要有原材料、能源、技术和人力要素的投入,称这一系统为陶瓷文化创意产业企业的企业资源计划(ERP)。因此,我们以这四个评价要素来衡量要素供应系统的竞争力优势,设计评价指标体系如表 3-1 所示。

表 3-1　要素供应系统的评价要素及指标

子系统	构成要素	评价指标	评价权重
要素输入系统（B_1）	原材料（C_1）	陶瓷原料自给率 p_1、原料研发创新投入产出比 p_2、采购成本率 p_3、原料可塑性 p_4、废料利用率 p_5	
	能源（C_2）	万元产值能耗 p_6、万元增加值能耗 p_7、单位陶瓷文化创意产品能耗 p_8	
	技术（C_3）	新材料开发投入收入比 p_9、新材料开发产业转换率 p_{10}、原料投入产出比 p_{11}、原料周转率 p_{12}、原料检验筛网密度 p_{13}、原料成分杂质率 p_{14}	
	人力（C_4）	区域内陶瓷从业人员 p_{15}、陶瓷研发科技人才数 p_{16}、从业经济师人才数 p_{16}、从业销售人才数 p_{17}、人力资源要素投入产出率 p_{18}、从业人员平均产值 p_{19}	

2. 要素加工系统的评价要素及指标设计

作为陶瓷文化创意产业的核心系统，要素加工包括陶瓷文化创意产品的先进制造、先进管理、研发、检验等一系列过程，这一系统被称为陶瓷文化创意产业企业的制造执行系统(MES)。这里将要素加工系统分为三个构成要素：原料车间、成型车间和成品车间，就此进行评价指标的设计，评价体系如表 3-2 所示。

表 3-2　要素加工系统的评价要素及指标

子系统	构成要素	评价指标	评价权重
要素加工系统（B_2）	原料车间（C_5）	陶瓷原料配料计量精度 p_{20}、球磨浆料的水分 p_{21}、陶瓷原料使用细度 p_{22}、流动性 p_{23}、生坯厚度 p_{24}、温度精确度 p_{25}	
	成型车间（C_6）	成型有效率 p_{26}、废品回炉有效率 p_{27}、成型胚体人为损坏率 p_{28}、静压机监控有效率 p_{29}	
	成品车间（C_7）	单位创意成品加工耗费 p_{30}、创意成品失误率 p_{31}、创意成品周转速度 p_{32}	

3. 要素输出系统的评价要素及指标设计

区域内陶瓷文化创意产业生态系统在要素加工后必然有产品输出，与自然生态系统的能量转换过程相似，产业生态系统在精心控制要素输入、加工和"催化剂"的作用下孕育产品，实现陶瓷文化创意产品的输出，这一系统被称为陶瓷文化创意产业企业的过程控制系统（PCS）。我们将要素输出系统孕育的产品按使用价值分为三类：产成品、副产品和"三废"产品，从这三个方面来评价区域内该产业要素输出系统竞争力，具体评价指标如表 3-3 所示。

表 3-3　要素输出系统的评价要素及指标

子系统	构成要素	评价指标	评价权重
要素输出系统（B_3）	产成品（C_8）	产品合格品率 p_{33}、陶瓷产品放射性水平 p_{34}、陶瓷成品指标达标率 p_{35}、产品附加值率 p_{36}、客户满意度 p_{37}	
	副产品（C_9）	副产品产出比例 p_{38}、技术误差率 p_{39}、人工误差率 p_{40}、设备误差率 p_{41}	
	"三废"产品（C_{10}）	单位生产总值三废排放量 p_{41}、三废排放比例 p_{42}、废水 PH 值 p_{43}、厂界噪声 dB(A) p_{44}、厂界烟粉尘浓度 p_{45}、COD 指标 p_{46}、SS 指标 p_{47}	

4. 技术加工资源循环系统的评价要素及指标设计

作为景德镇陶瓷产业转型升级谋求出路的重中之重，陶瓷材料回收利用技术一直是相关机构重点课题并处于不断发展之中。技术加工资源循环系统是景德镇陶瓷产业生态系统最后一个却不可缺少的一个子系统，除了攻克废物回收利用的技术关，更需要攻克废料回收过程中的种种难题，这一系统被称为陶瓷文化创意产业的资源循环系统（RRS）。鉴于此，本书将技术加工资源循环系统分解为副产品回收再利用、"三废"产品回收再利用、区域基础设施和区域政策环境四个子系统并设计相关评价指标，如表 3-4 所示。

表 3-4　技术加工资源循环系统的评价要素及指标

子系统	构成要素	评价指标	评价权重
技术加工资源循环系统（B_4）	副产品回收再利用（C_{11}）	综合副产品回收利用产值比 p_{48}、副产品修复率 p_{49}、副产品原料转化率 p_{50}	
	"三废"产品回收再利用（C_{12}）	工业水重复利用率 p_{51}、废瓷利用率 p_{52}、废胚利用率 p_{53}、废釉浆回收利用率 p_{54}、窑炉余热利用率 p_{55}、废气脱碳率 p_{56}、三废清洁投入 p_{57}	
	区域基础设施（C_{13}）	企业节能设备覆盖率 p_{58}、三废产品清洁设备投放量 p_{59}、陶瓷废料回收设备投放量 p_{60}	
	区域政策环境（C_{14}）	陶瓷人才培养计划 p_{61}、区域产业税收优惠 p_{62}、陶瓷研发支出率 p_{63}、陶瓷创意激励经济效益 p_{64}	

综上所述，我们在从陶瓷文化创意产业的企业资源计划（ERP）、制造执行系统（MES）、过程控制系统（PCS）到最后的资源循环系统（RRS）四个生产要素过程系统来评价及监督陶瓷文化创意产业发展的同时，主要从产业内资源利用、产业发展效益和产业技术创新三个角度来设定评价四个生态子系统发展情况的量化指标，同时还参考了陶瓷文化创意产品在选料、加工、生产、回收等过程中的技术指标。由此，我们不但基于生态系统视角构建了景德镇陶瓷产业的评价指标体系，更归纳了景德镇陶瓷产业发展过程中各个生产环节的评价指标。

四、基于 AHP 的景德镇陶瓷产业生态系统实证分析

1. AHP 的应用原理

AHP 层次分析法要求我们首先根据景德镇陶瓷产业生态系统评价指标体系构建出层次结构模型，运用德尔菲专家咨询法（Delphi method）进行综合评分。然后采用两两比较法进行综合赋权，构建判断矩阵，评价出景德镇陶瓷产业发展情况，并且找出发展薄弱环节。而后就判断矩阵进行一致性检验，论证专家评分的一致性比例是否处于可接受的范围。若可接受则根据判断矩阵——计算每一个

指标对于总目标的影响权重,最后确定四个生态系统评价要素的发展权重顺序;若一致性比例不可接受,那么需要对评价体系进行重新评分,重构矩阵,重新判断,直到最后评分一致性比例为所有专家接受。因此,使用 AHP 层次分析法有利于我们对景德镇陶瓷产业进行客观评价,对其产业发展过程中存在的问题进行深入剖析,并为确定景德镇未来陶瓷文化创意产业发展方向提供理论依据。

2. 层次结构模型的构建

根据我们为景德镇陶瓷产业生态系统发展评价设计的指标体系,在 YaAHP (0.5.3)软件中输入目标层、一级、二级准则层后输出结构模型,如图 3-5 所示。

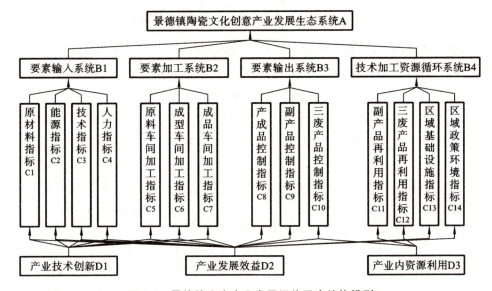

图 3-5　景德镇陶瓷产业发展评价层次结构模型

该评价层次结构模型是以景德镇陶瓷产业发展现状为基础,以陶瓷文化创意产业发展情况为评价目标,以陶瓷文化创意产业生态系统评价指标体系为评价依据,从产业技术创新 D1、产业发展效益 D2、产业内资源利用 D3 三个方面来评价景德镇陶瓷产业的发展情况。利用德尔菲专家咨询法,将 p_1—p_{64} 的 64 个可量化评价指标编入问卷表由专家分别为层次结构模型中影响景德镇陶瓷产业发展现状的评价要素进行评分,最终通过数值比较法,加权评价以生态发展为目标的景德镇陶瓷产业发展情况。下一步是利用 AHP 层次分析法对景德镇陶瓷产业的发展评价进行矩阵和检验分析,并且得出最终评价结果。

3. 景德镇陶瓷产业生态系统的评价

根据以上基本原理,我们采用定性和定量相结合的德尔菲专家评分法和数值比较法对景德镇陶瓷产业生态系统的发展情况进行实证分析,通过构造判断矩阵及一致性检验,得出景德镇陶瓷产业在产业技术创新、产业发展效益以及产业内资源利用效用三方面的影响权重,如图3-6所示。

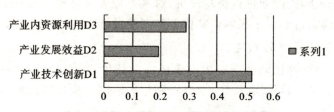

图3-6 景德镇陶瓷产业生态系统评价结果

图3-6中所示为景德镇陶瓷产业在产业内资源利用、产业发展效益和产业技术创新三个方面的发展权重。我们可以确定景德镇陶瓷产业当前在产业技术创新能力方面具有绝对优势,但是在产业发展效益上存在较大不足,由此我们可以回到生态系统评价指标体系中,根据涉及产业发展效益的评价指标提出相关对策,从薄弱环节着手,为景德镇未来发展陶瓷文化创意产业提供清晰的着力点。

五、结论

研究表明,产业生态系统内具有不同关系的企业之间达到均衡的条件有三个:一是具有竞争关系的企业间必须保持一定的差异性;二是具有互利关系的企业间必须保持激烈的竞争,彼此之间的依赖程度不能太大;三是企业之间必须保持一定的差异性、形成功能完善的分工协作网络,保持与外界的物质交流和信息交流,形成开放型的生态系统。由此设计的景德镇陶瓷产业生态系统评价体系,通过定量评价区域内的陶瓷文化创意产业,可以知晓其是否达到了"节能""降耗""减污"和"增效"的目标,达标的程度有多大,以及还有哪些方面需要改进。另外政府部门也可以利用该指标评价体系对陶瓷企业是否符合清洁生产、节能降耗、技术创新、引领时尚的高技术标准进行考核。

同时,根据实证分析结果,社会各界还应制定和完善景德镇陶瓷产业产品的相关法律法规;改善景德镇陶瓷产业发展所处的社会和自然环境,为其提供政府经济主管部门的支持、金融机构的支持、社会的支持、自然资源的重复利用支持;鼓励企业加强交流,提高景德镇陶瓷产业企业综合实力,积极推动信息共享、资源共享、技术交流、产品研发;转变思想,打造具有景德镇特色的陶瓷文化创意产业。通过转变思想,政府可以对景德镇陶瓷文化创意企业进行系统规划,在转变陶瓷产业发展方式、推动经济结构转型升级的同时,焕发出景德镇"一个瓷厂、一个特色,一个作坊、各种创新"这一新的产业价值创造模式的生命力,打造出一个具有景德镇特色的陶瓷创意产业,实现景德镇陶瓷产业生态系统的资源循环、技术循环、资本循环和生态循环。

第六节 绿色供应链下供应商参与的模型构建:来自陶瓷企业实证研究

一、研究背景

21世纪以来,国家在战略层面提出构建生态文明。企业纷纷响应国家号召,在供应商合作伙伴的选择过程中,更加重视绿色产业链的发展情况。供应商合作伙伴的选择一旦出现偏差,有可能会导致企业产品不能推向市场等不良情况的出现。所以,供应商参与绿色供应链的作用不言而喻。

我们认为,绿色供应链管理的研究重点应该是供应商动机的研究,而不是仅仅关注企业本身内部的组织。我们在Marjolein(2013)研究结果的基础上,对陶瓷企业进行了调查,对该框架进行了实证检验。由于本研究将范围缩小到了一个行业,其结果更为精确,更有意义。我们基于可持续的供应链管理相关文献,在下文中提出了相关研究假设、研究设计框架和研究方法,随之对研究结果、研究结论和局限性进行了探讨。

二、文献综述

1. 可持续发展的陶瓷供应链

陶瓷产品是非常复杂的产品,其中购买原材料、创意设计、加工生产等所占的成本比例较高,目前这些成本占总制造成本的60%—80%。陶瓷行业实际上也是一个高度依赖供应商的产业。相关研究表明,陶瓷企业社会责任的形象和公众认知不仅取决于自身的表现,还取决于其供应链成员在企业社会责任方面的表现。供应商对整条供应链的可持续发展负有责任。

多年来,国家和行业已经意识到环保的重要性,《陶瓷工业污染物排放标准》(GB 25464—2010)的出台就是一个重要标志。陶瓷企业在与供应商的密切合作中,在引进新技术时增加了环境方面的关注。陶瓷企业还制定自己的标准,这些标准通常超越 ISO 和《陶瓷工业污染物排放标准》的要求,特别是涉及许多环境方面的问题时。这些环保标准由陶瓷企业定义,但有时他们也需与主要供应商共同商定。因此,陶瓷企业就必须从整个供应链的角度去考虑可持续发展问题。现有研究往往将重点放在制造商的绿色制造上,而制造商与供应商关系的研究被普遍忽视。本研究的目的正是为了更好地了解供应商持续参与绿色供应链的动力所在。我们提出四个影响供应商参与绿色供应链的独立变量假设,包括客户需要、供应商前期介入、合作模式和收益分配。

2. 客户需要

实践充分表明,诸如设备制造商之类的组织机构在市场环境中发挥着主导作用,因而能够在一定程度上影响和约束渠道供应商的行为。那么按照这个逻辑,任何一个关注环境发展的市场力量组织,都有权要求其供应商提供有利于维持环境安全的绿色产品或绿色技术。一般来说,越是大企业越能在生态保护方面发挥较大的影响,例如,当中大型企业这样的客户发现供应商有损害环境安全的行为时,它们能够通过采取一定的措施来增加供应商的曝光率,从而迫使供应商不得不遵守相关的环境法规。由此可见,只有作为买方的客户具有强烈的生态保护意识,才能使市场主动创建一个绿色供应链。然而在客户的利益诉求得以实现的过程中,供应商是执行任务的行为主体。虽然为了促进企业持续发展,部分供应商通过引入并实施 ISO14001 环境管理体系,自觉接受来自社会的监督,并在生产运营过程中有意识地加强环境绩效管理,但生态保护的控制权依然基本掌握在供应链的下游即设备制造商之类的客户手中。这是因为,客户从自身利益出发,更加希望能够从供应商处获得绿色产品服务或绿色技术服务,同时,客户还可以通过参与或影响供应商制定环境保护策略,邀请其参与绿色供应链的创建与管理,促使供应商的服务不断升级。

综合上述分析,我们可以提出:

$H1$. 客户需要对有意愿参与绿色供应链活动的供应商产生正向影响。

3. 供应商前期介入

如果供应商的变革意识并不强烈,那么与客户之间就难以达成共识,绿色供应链就不可能创立。可以说,企业管理人员的生态保护意识不仅对企业环保措施的制定产生决定性的作用,还能影响到该企业与下游企业对绿色供应链的共建过程。此外,企业对"绿色"问题的重视以及相关有力措施的制定,还依赖于环境保护主义者的积极努力。当企业在制定和落实环保措施时,领导层的影响力能够在很大程度上影响贯彻的结果。

因此,在对环境问题进行分析、辨识和评价的过程中,为了创立一个更加合理的绿色供应链,供应商有必要对物资资源、人力资源进行重新分配。通过分析,我们认为,管理者的环保理念、上下游企业之间的沟通与交流、物资资源的配置以及企业的技术能力,都能够对供应商制定和执行环保措施发挥一定的影响。

综合以上分析,我们可以提出:

H2. 供应商前期介入与参与绿色供应链发展呈正相关。

4. 合作模式

当生产商面对多个具有合作倾向的供应商时,令其困惑的就是不知该选用何种合作模式。对此,国内外不少专家学者进行了深入研究。通过对不同项目进行研究,王世磊、严广乐提出,有针对性的项目参与、直接的项目合作以及间断的项目参与,都可以作为供应商参与合作的模式。同时,学者对供应商的作用进行了详细分析,认为生产商和供应商应当建立进阶模式、传统模式或日本模式等合作模式。通过对德国部分制造业进行研究,他们发现在项目的制定与实施、信息的获取及交流、产品的创新与应用等方面,供应商都能够发挥重要的作用。因此,生产商应当从这点出发,积极探索出一种最佳的合作方式,从而使得供应商的这种作用能够得到最大限度的发挥。颜波、石平从开发风险和开发责任的立场出发,提出了四类开发模式,即例行开发、战略开发、对立式开发以及关键环节开发。而基于交互程度考虑,学者认为双方可以建立三种创新型的合作模式,即外包式、联合式以及协助式。以上研究尽管提出了多种合作模式,却忽略了对企业研发情况的探究,而产品研发通常是绿色供应链重点考虑的因素。因此,我们在对以上多种合作模式进行探讨的同时,还必须结合双方在产品研发方面的投资情况,创建出一个更加有利于建立绿色供应链的合作模式。

通过对以上模式的分析和比较,我们可以发现,共谋发展的研发模式能够令双方创造更大的社会价值,并获取更多的利润。这种模式也应当得到政府的认可与鼓励,这能够促进绿色供应链的主动性。但是必须注意的是,合作双方必须充分认识到产品研发的重要性,并积极进行研发投资,才能实现利润最大化。然而在实际操作过程中,影响供应商与生产商成功合作的因素有许多,并且双方还要承担来自环保的风险,因此要想制定一个完全精确的投入比是不大现实的。另外,研发资金的合理应用和控制也具有一定的困难。而要想改善这一局面,应当使双方各自拥有一定的自由活动空间,这不仅有利于双方研发自主性的发挥,还能够提高双方合作的积极性。

根据以上分析,我们提出如下假设:

H3. 合作模式的选择与参与绿色供应链主动性呈正相关。

与横向合作相比,纵向合作拥有更多的优势,而且纵向合作的紧密程度能够促使生产商和供应商共同加大产品的研发力度。另外,合理的收益分配方式还能提高二者的研发积极性。但是,在这种看似和谐亲密的关系中,却蕴含着某些似乎不可调和的矛盾。这些矛盾来源于市场信息在供应商与生产商之间不对等的分布。因此，为了平衡利益、减少矛盾、规避风险以及追求利益最大化，二者必然会在长期的合作中逐渐探索出一套最佳收益分配模式。

因此我们提出如下假设：

H4. 合作模式的选择与收益分配呈正相关。

5. 收益分配

随着社会的不断进步，制造商逐步认识到，如果能够充分利用供应商的资源和技术，并促使供应商积极参与到产品的研发工作中，对于缩短自身的产品研发时间，提高市场竞争力以及增强顾客的信任度，将会发挥重要的作用。供应商的参与对于产品的研发具有积极的作用，主要表现为，供应商拥有成熟的核心技术以及超强的创造力。而在此基础上，如果能够获得由生产商提供的关于市场的信息资源，就可以避免产品研发的盲目性，能够更好地把握市场的需求，从而通过二者完美的配合，研发出更具有获利潜力的新产品。

合作过程中的收益分配模式，对于供应商和制造商来说是一个非常敏感的问题。群体协商模式不仅能够使合作双方规避市场风险，而且能促使双方实现利益最大化，应当是企业优先选用的一种利益分配模式。即合作双方应当从贡献度、资本投入、风险担任程度等方面考虑，建立一个联盟收益分配模式。另外，现实中，常用的收益计算方法为：核心法、Nash 协商模型、MCRS 法及 Shapley 值法。为了获得最佳的分配方案，合作双方还应当综合考虑各自的需求及喜好。对收益分配问题的研究，可以归结为一点，即各主体普遍认为按比例分配是避免矛盾激化的最佳分配方案。而姜跃、韩水华对此也比较认同，他们提出合作双方必须构建一个公平化、合理化、科学化的利益分配机制，才能消除合作过程中的投机现象，才能提高双方合作的积极性。

实际上，按比例进行收益分配也是有一定条件的，也并不一定能确保企业合作成功，这是因为以下几个方面：

（1）当市场回报率较高时，生产商和供应商既可以选择平均分配，也可以选择按比例进行分配，但是由于按比例分配不利于企业降低成本和规避市场风险，因此，二者往往优先选用平均分配模式。

（2）当市场回报率较低时，合作联盟需要对各自即将承担的风险以及已经完成的资本投入进行风险评估，从而采取按比例分配的方式，使自己获得最大收益。

（3）对于陶瓷产业来说，合作企业往往投入的是人才和技术，而这些无形或有形的投入，往往无法通过深入分析而得到一定的比例结构。因为这些是无形的且不可计量的资源，不像传统的货币投资一样能够分析出较为直观的比例关系。因此，这类企业的合作，在进行利益分配时，选取平均分配模式对于双方更具有公平性。

通过以上分析我们可以得出,合作联盟中大多数成员都会优先选用平均分配的模式,而这也在麦肯锡企业的调查中得到了印证。该企业调查显示,选用按比例进行分配的合作双方合作成功率仅仅有30%,而选用平均分配模式的合作企业合作成功率可达到60%左右。

在选定收益分配模式的基础上,合作双方还要考虑各自的投入量与整个供应链投入量的对比关系,从而选定最佳分配方案。

根据以上分析,我们提出如下假设:

H5. 收益分配与参与绿色供应链主动性呈正相关。

综合以上文献分析和假设的提出,给出绿色供应链下供应商参与的概念模型(见图3-7)。

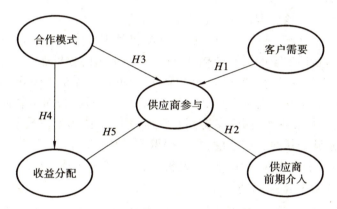

图 3-7　绿色供应链下供应商参与的概念模型

三、研究方法

本研究的问卷包括相关文献的35项问题。供应商前期介入、客户需要和供应商参与是基于纪雪洪、陈志祥、孙道银(2015)的研究。问卷采用五级李克特量表做判断。

本研究于2016年5月—6月分别邮寄问卷给国内地处不同地理区域的陶瓷行业供应商。通过将调查限制到单一的行业,我们可以控制潜在的混合因素的影响,如环保法规或行业惯例等。同时,陶瓷行业绿色供应链的发展也极具代表性,诸多建筑卫生陶瓷生产企业因环保问题被停业;而在2014年,国内的42家建筑卫生陶瓷企业迫于环保压力联名建议修改国家标准,这对陶瓷行业的供应商管理提出了极为严峻的挑战。

由于研究范围较为狭窄，参与的供应商数量不多，因此只获得了 156 个有效的供应商联系信息。调查时通过电话联系等方式提高问卷回收率，共回收 76 份有效的问卷，回收率 48.7%。

四、分析和结果

1. 信度和效度

本研究样本量较小，因此采用偏最小二乘法（PLS）来进行分析，也就是通过最小化误差平方来寻找数据与函数间的最佳匹配。PLS 是普通最小二乘法的一种扩展，它在解决多重共线性问题上较为成熟，比现有的岭回归、主成分分析等方法更为有效。PLS 与结构方程模型在应用上互为补充，结构方程模型是基于大样本理论的，在小样本中该模型几乎无法应用。而 PLS 正好弥补了这一局限性，PLS 在非正态分布、小样本、共线性的情况下，结果仍然很稳定。PLS 还特别适合于复杂模型的分析，包括模型的层次结构、中介和调节变量的分析等。

实证研究首先要解决指标体系的可靠性，对问卷结果的 Cronbach's alpha 分析表明，其值均高于 0.6 的标准，表明指标符合内部一致性；因子载荷系数也超过了最低 0.4 的可接受水平，因此支持问卷问项的可靠性；信度值高于 0.7 的最低可接受水平，这意味着量表具有信度；平均提取方差值（AVE）均大于 0.5，潜变量之间的相关系数小于平均提取方差的平方根，表明问卷效度通过检验。

2. 模型分析与结果讨论

计算结果表明，假设 1 检验的路径系数 $H1=0.37, t=2.52$，具有统计学显著意义，表明 $H1$ 假设成立。其次，假设 2 检验路径系数 $H2=0.38, t=2.19$，同样具有统计学意义，$H2$ 假设成立。第三，假设 3 检验路径系数 $H4=0.69, t=8.97$，说明具有统计学显著性意义，支持 $H3$ 假设。第四，假设 4 检验路径系数 $H3=0.19, t=0.12$，表明假设 4 不显著，不成立。第五，假设 5 检验路径系数 $H5=0.61, t=6.29$，在统计学上显著，因此 $H5$ 被支持。同时，R^2 判定系数均大于 0.5，说明总体模型具有良好的解释力。

$H4$ 假设不被支持是因为合作模式不是收益分配的关键要素。从企业发展的角度来看，创新才是企业取得收益的保障，只有创新，企业才能拥有活力，只有创新，才能提高收益。而创新的过程，实际上也是供应商与生产商进行产品研发的过程，一个企业的创新能力，反映了其对新知识、新材料、新技术的吸收与运用能力。因此只有创新能力高的企业才能及时研发出适应市场需求的新产品，并通过宣传、推广和销售获得丰厚的利润。由此可见，只有在绿色供应链中选择与那些创新能力强的供应商进行合作，才是生产商的明智之举，而不是停留在选择合作模式上。

五、政策建议

实证研究结果支持客户需要、供应商前期介入与参与绿色供应链之间的积极关系($H1$ 和 $H2$)。本研究还支持合作模式、收益分配与绿色供应链主动性参与的正相关关系($H3$ 和 $H5$)。这些要素可以建立生产商与供应商之间的信任与承诺,在这种关系中,供应商更倾向介入参与开发投资活动,提升质量管理水平,主动参与绿色供应链成长管理。

1. 加大纵向溢出效应,增加介入研发合作供应商数量

一般而言,传统意义上的混合合作、纵向合作以及横向合作通常并不受到供应商研发投入的干扰,但是,非合作的供应商研发投资却能受到合作供应商带来的负面影响。因此,在绿色供应链中,生产商的研发投入与供应商参与个数的增加是正相关的。然而并不是参与的个数越多,企业就能够获得更多的收益,事实上相反,由于参与的供应商较多,势必会增加企业的合作成本,带来较大的管理难度。实际上,当供应商的个数趋于饱和时,生产商的研发数目也不再增加,此时研发曲线已经处于水平状态。

从现实中陶瓷企业的表现来看,纵向溢出能够促使供应商和生产商加大研发资金的投入。这是因为纵向溢出量的加大,不仅没有强化企业之间的竞争,反而降低了企业的经营成本,增加了企业的效益,为企业带来的是正面影响,从而使供应商和生产商更加重视加大研发资金的投入。总体来看,纵向溢出有利于促进供应商参与。

2. 持续改进生产工艺,遵循环保质量标准

朱庆华、赵清华(2005)发现,只有当质量管理系统已经实施时,一些管理措施如 ISO14001 才会更有效。陶瓷企业的环保实施标准设置在较低水平上,所以在绿色供应链管理实践中经常遇到天花板效应。正是基于此,国家环境保护部(现更名为生态环境部)2014 年 12 月发布了《〈陶瓷工业污染物排放标准〉(GB 25464-2010)修改单》。

陶瓷行业目前已经具备了较为严格的环境标准,他们正在以尽可能低的成本提供质量过硬的产品。从 2010 年开始,陶瓷企业开始引入绿色供应链并收到实质效果,绿色供应链中的供应商在两年内降低成本 30%;越来越多的陶瓷企业计划以此作为供应商订单的准入标准。制造绿色产品和开展绿色生产已经成为赢得市场竞争的优势所在,环境绩效的提高有力地提升了我国陶瓷行业供应商在全球竞争中的地位,实际上不仅仅在陶瓷行业,其他行业的供应商也获益良多。

参与绿色供应链的供应商不仅可以满足我国陶瓷产品环保标准的要求,还可以从其他方面获取额外收益。当今时代,越来越多的消费者青睐符合环保要求的产品,这是社会发展进步的一个趋势。因此,随着时间的推移,环境立法可能变得更为严格。目前,中国陶瓷企业供应商的竞争以技术诀窍、高品质和可靠的交货时间为基础,这些将逐渐转变为可持续的生产方式和绿色制造。这给众多后续供应商的加入提供了机遇,也给现有市场中的供应商带来了挑战。因此,供应商应持续改进其生产工艺,积极参与和应对绿色供应链变革。

3. 强化知识交流与资源共享,建立绿色供应商成长体系

供应链生产商通过相关策略的执行来提升供应商能力或绩效的行为,我们一般称之为供应商成长体系。在实际生产和经营过程中,企业对供应商的选择往往不会次次顺心、处处满意。当现存的供应商不能满足企业的需要时,一般而言,供应链的生产商会采取相应的举措帮助供应商发展和成长,而不仅仅是简单地选择更换供应商或调整自身需求。所以,全面构建供应商成长体系,并在企业发展过程中总结和归纳关键的成长方案来促进供应商的与时俱进,对于双方实现和谐、稳定的合作关系大有裨益。

知识经济时代,供应商的发展与成长离不开知识的交流与转移,二者息息相关。谈到知识转移,我们一般认为是指在受控环境下,知识拥有者和接受者之间形成的传播、交流和共享。对于企业而言,其与供应商之间的知识共享与转移不仅有利于技术间的互通有无、缩小技术差距,还有利于帮助供应商积累宝贵经验,促进其进一步发展。加强对供应商员工的培训和指导,努力构建起完善的供需信息交流平台,形成反馈机制,对供应商和生产商发展的重要性不言而喻。企业往往通过培训活动的开展,致力于提高供应商的技术管理水平和业务熟悉度,增强供应商员工的技术能力和环境意识,带动其成长。生产商与供应商的交流与合作一般涵盖对供应商的反馈和评估,两者间积极开展信息互通。在整个活动开展的过程中,既包含了一些简单、明确的知识,也包含了一些复杂、难以进行交流和交换的知识。后者在知识转移的过程中就需要依赖相应的资源进行复杂知识的传递。除此以外,供应商应主动与企业形成信息流通,帮助自身成长。

供应商的能力及绩效水平与企业的投资及资源转移密不可分。企业的发展和进步离不开供应商的成长,生产商可以通过积极投资等行为帮助供应商提高绩效。一般我们可以将其分为直接投资和非直接投资,这些投资帮助生产商与供应商实现双赢。除此之外,双方还不断在实践层面加强资源转移,如进行员工之间的交流和互换,提升彼此的了解度。一方面,供应商的员工去生产商学习和培训;另一方面,生产商将生产技术等方面的知识向供应商进行转移。这种相互交流和互通有无的模式使得生产商与供应商之间的关系变得更加紧密与和谐。

生产商帮助供应商发展也是实现自我发展的重要方面。高层管理者的认知和决策对于双方是否可以构建长期、稳定的合作关系十分重要。所以，获得企业领导者对供应商发展方案和计划的支持，是供应商成长体系构建过程中的重中之重。生产商与供应商相互之间的思维互换是合作达成的基础，在这个过程中除了需要充分考虑资源带来的发展限制，还应该充分考虑环境因素带来的影响。与此同时，我们认为，供应商成长体系的建设离不开组织行为与管理两个方面，其涵盖着对工作流程、标准化程度的提高和完善，以及对成长标准和质量监督标准的具体划分和认定。这些具体化的问题都应该符合企业和供应商发展的目标，只有这样才能在提高供应商利益的同时，稳定两者间的战略合作关系。

绿色供应商成长体系的提出，正是建立在保障生态环境的基础上的，目的是提高经济效益的绿色活动，增强供应商的生态化和绿色化。换句话说，实施绿色供应商成长方案可以更好地实现环境效益和经济效益的共赢。对于供应链生产商而言，其在发展和管理供应商的过程中存在很多潜在方案可以进行实践，但是，成长方案的发展和完善并不是某个企业可以独立完成的，也不可能所有的企业都能够实现绿色发展的成长轨迹。在实际情况下，许多资源有限的供应链生产商就会开始对绿色供应商成长方案进行考量和排序，区分出优先情况。就目前情况而言，对生产商关于绿色成长方案偏好的探索性研究还相对较少。与此同时，许多关于方案的分析也仅仅是停留在表面的概念归纳上，还未能在实践中检验正确性。所以，生产商在评估绿色供应商成长方案研究时需要利用正规的、具体化的模型。

第四章 景德镇陶瓷产业价值研究

第一节 景德镇陶瓷产业价值链研究

一、景德镇陶瓷产业价值链的特点

在陶瓷文化创意等核心内容的支持下,景德镇陶瓷产业在国内同领域中所拥有的竞争优势是无可比拟的,在长期的发展过程中,逐步形成了以高风险性、辐射性、渗透性、创新性以及历史性为主要特点的产业模式,这对产业链的发展方向有着很大的影响。

1. **价值的非消耗性**

依托景德镇源远流长的陶瓷知识与文化,景德镇陶瓷产业逐渐构建起了自身的价值体系,其产品与服务独具特色。价值具有非消耗性,即以某产品为载体注入创意理念之后,不断地复制该产品不仅不会损害创意,相反会扩大创意的影响范围,这决定了该产品具有的无限复制性与耐久性。从消费目的上来看,文化产品多用于欣赏。人们会运用所学的文艺知识去理解产品的创意,但产品本身所具有的价值却依然存在,这同食物、衣物消费品的消耗形式迥然不同。

2. **内容创造的高盈利性**

设计大师、艺术家、陶瓷工作者在认真工作之后,创造出的景德镇陶瓷产品文化韵味十分浓烈。在文化创意产业,生产所消耗的无非是精神内容或者知识,但是,知识又具有可重复利用性,所以,在低消耗的前提下,创造、复制出的产品却能无限盈利。

3. **盈利的不确定性**

文化创意产业具有比较带高的风险,同样,景德镇陶瓷产业也不例外。在消费目的上,人们购买创意陶瓷产品的目的在于寻求精神熏陶,但是,并不是每个人都有欣赏陶瓷文化的兴趣,也并不是任何人都有能力购买文化产品。为此,在消费主体不确定的情况下,产品市场是变幻莫测的。

4. 消费者需求决定性

消费者需求对价值链中投入价值的比例有很大影响。另外,实现产品价值的状况也由消费者的需求决定。要推广景德镇陶瓷文化创意产品,就要研究消费者的精神状况、消费能力、文化审美取向等因素。

5. 产业链条的跨越性

某些创意产品,可能会不受产业链的约束,而直接同消费者联系。比如,创意大师设计出的陶瓷产品,可能仅仅经过创造与消费两个阶段,而其他的产业链过程都被省略了。

二、景德镇陶瓷产业价值链的运作模式

在景德镇陶瓷产业中,创意文化的内容、实现价值的方式是产业价值链的关键点,陶瓷企业要以这两个关键点为基础,不断地寻找适合自身的运营模式。景德镇陶瓷文化创意企业想要盈利,就要开发、创新内容,控制与拓宽产品销售的渠道。由此,我们认为存在4种基本的创意产业价值链的运作模式。

1. 景德镇陶瓷产业价值链定位模式

从价值链方向分析,企业想要获得更多的利润,就要壮大价值链上的某个或多个环节,这样,企业才能从中获得利润点。可以说,如果企业掌控了关键性的价值链,那么企业就在产业链中拥有话语权,也会赢得更多生存机会。

(1) 内容为王。

在景德镇陶瓷文化创意企业进行产品价值创造时,不可忽视产品的内容创造,此部分为整个价值链中比较关键的利润点。当前,互联网技术高度发达,人们获取信息的方式更加的便捷,内容也更加的丰富。当然,因为信息的繁杂,想要从中寻找出对自己有利的信息可不是什么容易的事。这一点在景德镇陶瓷产业中显得更是如此。

在整个价值链中,怎样集成配置内容、内容怎样更加具有原创性,将会是未来赢得竞争的关键。比如,"蝶舞"系列陶瓷艺术产品的形状如正在起舞的蝴蝶,翅膀在微微的颤动,并轻盈得停留在水仙花之上。其梦幻飘逸的图案,高雅、细致的颜色,以及方寸间的设计都透露出瓷器的形美、神美。其获得"最佳收藏品首奖"自然是当之无愧的。法蓝瓷通过创新将东西方美学完美融合,在大胆的创意理念指导下,达到了几乎完美的产品设计形式,为当代瓷器创意生产提供了成功的范例。

(2) 渠道制胜。

要扩展产品的销售渠道,就要寻求更为合理的传播渠道。若传播渠道受阻

滞,那么再浓烈的酒香也飘不到消费者的鼻孔。2001年,陈立恒创办了法蓝瓷品牌,并在江西景德镇建设生产基地。他将西方新艺术装饰风格与东方美学理念相融合,让消费者大开眼界,并深得世界消费者的赞同。在创办14年后,全球已有六千家法蓝瓷销售点。

(3) 媒体推动。

在以前,消费品的交流形态为商家同消费者的面对面接触。但要想提高创意产品的知名度,将产品成功地推广到世界各国,就离不开传播渠道的有效获取。而媒体则为信息的传播提供了一个更方便的宣传平台。以"艺术与环保"为理念的法蓝瓷之所以能够在全球得到认可,原因就在于媒体的推动。

(4) 需求挖掘。

分析产业价值链的内涵,可以得出,产业价值链与消费者的消费取向有着十分重要的关联。景德镇陶瓷文化产业价值链的产生、存在与变更,都离不开消费者的需求变化。更多的消费者对产品产生认同感则意味着消费者已经接受了该创意产品,也认同产品的价值。消费者在消费产品的同时,也会对同一产品怀有更多的期待,生产者就应该丰富产品的价值内涵,从消费者的需求出发,体验、挖掘消费者对产品的需求,并以此作为创新的指导。欧神诺陶瓷举办过奢瓷体验活动,并在国内建立了柏金馆、奢瓷馆。在率先推行了奢瓷生活之后,其旗下的陶瓷产品在国内享有高知名度,同时,也获得了"全球奢瓷标杆"的称号。

2. 景德镇陶瓷产业价值链延伸模式

如果原有产业价值链已经无法再为企业创造利润,则企业应以原有产业价值链为基础,向上、向下寻找创新的价值点,以获取新价值,这一过程就是产业价值链的延伸。

(1) 品牌乘数模式。

以品牌为乘数,将经营手段同品牌相乘,进而得到产品的新价值。即以品牌为基础,并就此扩大产业价值链,研发新产品,获取新利润。比如,欧神诺、法蓝瓷都采用了这一模式,它们先以某产品为基础,在拥有了特定客户群之后,再向他们推荐新的产品。

(2) 掌握终端模式。

消费者将是企业生存的支撑力量。要想掌控终端模式,就应当时刻考虑到消费者,为消费者提供更符合需求的产品。在不断变迁的社会经济形势下,价值链上的利润环节会不断发生变化,其中消费环节集中了大部分的利润。景德镇陶瓷产业是以精神消费产品为主的产业模式,为了获得利润,就要适应新的价值链的转变,让消费者体会到产品中所蕴含的精神、文化、服务。

3. 景德镇陶瓷产业价值链分解模式

在不断细化的社会分工、快速进步的技术面前,原有的景德镇陶瓷产业链中的价值也在不断地更新、增加。若某陶瓷企业想要霸占整个产业链条,显然会比较难做到。为此,各企业依托自身实力,开始在链条中寻找合适自己的发展点,分解价值链。

(1) 业务外包模式。

企业将由自身开展的职能通过合约的方式转包给更专业化的服务企业即为业务外包。企业外包业务可以让其他优势企业集中生产此类产品,保障产品的生产质量,提升产品的生产效率。在创意产业领域,许多著名的企业都选择业务外包来提高其竞争力。当然,企业外包的业务并不是其核心业务,某些影响企业整个战略环节的业务是由企业自己开展的,而那些外包出去的是非战略性的业务,外包的目的在于节省生产成本,提高盈利水平、竞争力。

(2) 集聚协作模式。

空间集聚性是景德镇陶瓷产业的主要特点。在景德镇陶瓷产业园,各中小企业同地方劳动市场互通有无,获得了自己的利润,产生了高效的回报。因为空间集聚效应的推动,景德镇陶瓷产业已经在国内、国外获得相当的知名度,并由此降低了原有的比较高的生产成本。

4. 景德镇陶瓷产业价值链整合模式

产业价值链整合即企业对原有价值链的重构。企业在新的发展战略指导下,会为了增加盈利点而重新分析企业的活动,变更、完善企业价值链。

(1) 兼并收购。

在产业价值链整合中,兼并收购运用得比较频繁。在陶瓷文化创意产业价值链中,主要的并购包括了混合并购、纵向并购、横向并购。横向并购即企业为了扩大经营范围而充分利用外部资源的业务形式,这有利于企业做好核心业务,提高经营的专业化水平。许多创意产业也会通过纵向并购的方式来壮大自身。企业混合并购的对象多为其他行业企业,这样有利于企业走多元化发展的路子。

(2) 虚拟价值链。

在相同目标的指引下,产业价值链上的各企业也会相互达成合作意向,建立战略联盟,各自发挥自身的核心优势,共同创造出更多的价值。在"合作""双赢"的经营理念指导下,通过建立虚拟价值链能够对产业中的分散资源进行整合,改变缓慢的运作速度,扩大市场份额,使企业间优势互补,共同分担市场风险,规避多元化陷阱,进而实现新增长、多元增长的目标。在虚拟价值链中,各企业都要将信息同其他企业分享,保证信息上的互通有无,实现多赢的最终目的。

第二节 景德镇陶瓷产业价值传导的内涵与特征研究

景德镇陶瓷产业的不断进步将促进景德镇这座具有千年陶瓷文化历史的城市发展有效转型,由原有的工业化城市转变为创意城市类型,并确立创新发展的目标。无论何种形式的景德镇陶瓷产业形态都不是自我独立发展的,都需要与内部和外部环境建立充分的联系,不断地进行创新发展。因此,在社会城市布局方面,应推动工业化厂房、稀缺滨水区和环高校这三种创新产业集聚区融合发展,从而激发城市转型的进程。

对于景德镇陶瓷产业的发展来说,各主体应推动企业经营模式创新,促进创意尽快地转化为有用的创意成果,使其具有经济价值,也就是推动景德镇陶瓷文化、艺术、经济等多种产业融合共生,成为区域经济的特色组成成分。景德镇陶瓷产业还要促进产品、产业和知识之间相互作用、价值传导与融合发展,最终形成整个产业的价值网络,这样不仅推动了产业创新,也提升了产业价值。

一、景德镇陶瓷产业价值传导的内涵

创意经济已经深入传统经济的骨髓,作为千年瓷都的景德镇,其文化创意成就已经为世界瞩目。而探索如何利用文化底蕴优势,突破价值传导的瓶颈,使得产业规模有效扩大,产业管理的重心从实物型管理向价值型管理转变,是当前要务,具有重大的战略意义。目前急需从内在和外在影响环境等多方面对景德镇陶瓷产业的内在价值传导以及增值机制延伸等开展分析,以分析价值传导的机理,促进产业的可持续发展。

要探索价值传导在景德镇陶瓷产业中的运作机理,就必须分析价值传导的基础和来源,区分景德镇陶瓷文化创意产品与创意服务的异同。景德镇陶瓷产业的增值主要是由于从业者用原创性知识将无形和抽象的创意转化为具象的产品生产和价值概念,并使其成为产业的一种表现形式。陶瓷文化创意产品有吸引力,才具有价值上的增值功能,才能促进消费者的购买行为的发生。而由于陶瓷文化创意产业实现了人们的休闲、日常使用和审美需求,因此,景德镇陶瓷产业对于社会的价值不仅表现为美学价值,还表现为经济价值。

景德镇陶瓷产业不同于一般的产业,它满足了陶瓷文化创意消费者的需求,并以此为据,不断调整产业的发展,使其能够契合消费者的观念和文化等方面的

需求,促进景德镇陶瓷产业实现价值传导。正是基于此,消费者是价值传导的源泉,也是产业发展的根本推动力。只有从根本上关注消费者的需求,才能真正掌握消费者对于景德镇陶瓷产业的价值要求;只有关注消费者对于产品的评价,关注如何将符号转化为具有产品价值的产品类型,才能把握产业价值传导的要素,从而促进价值增值。

二、景德镇陶瓷产业价值传导的特征

1. 知识密集属性

陶瓷文化创意产业经过研发、创新、获得创意进而创造经济价值,这也就意味着,这一产业的发展具有很强的知识性。因此,在产业划分方面属于知识密集型产业。从内在构成方面来说,景德镇陶瓷产业的核心是文化和创意理念,通过对知识、智慧和灵感进行经济价值转化使其具有经济属性。这一属性决定了陶瓷本质是为了满足人们的精神或者审美需求,并在社会发展中衍生了社会价值和经济效益。这也就是说,景德镇陶瓷产业和传统制造业最大的差异性在于:成本小,消耗少,具有集约型和知识型产业的特点,属于朝阳产业。

知识密集型的特性说明,创意产品价值要远远高于传统产业的社会价值。但是,在价值发挥方面,必须要进行相应的知识产权保护才能够促进其和谐长远健康发展,促进其价值的发挥。创意被具象化之后,进行创意产品复制也不会损害原有的创意,相应的成本损耗非常小,可以进行多次的复制。另外,由于创意产品的不断与外界进行融合发展,使其能够产生更多的产品类型,反过来又会促进景德镇陶瓷产业的发展。这就说明,景德镇陶瓷产业的知识极易被模仿和抄袭,在产业发展中必须要进行知识产权保护,促进其长远有序开发和发展。

2. 低碳属性

从产业属性上来说,景德镇陶瓷产业属于知识密集型产业,这也就意味着其能耗低、污染小,在社会中属于低碳产业。从产业集聚区布局方面来说,景德镇陶瓷产业多分布于旧城区,旧工业建筑区内,例如:明清园原为雕塑瓷厂旧厂区,建国陶瓷文化创意园原为建国瓷厂的厂房仓库,陶溪川创意园区原为停产的宇宙瓷厂厂房。由此可知,景德镇陶瓷产业集聚区在空间布局上,主要是集中在由旧厂房或者旧仓库改造而成的厂房区域,从产业发展成本上来说,属于低成本低碳产业类型。景德镇陶瓷产业的发展与当今社会追求的低碳绿色发展经济需求是相符合的。

3. 高附加值属性

微笑曲线显示,产业链的中间生产制造环节的附加值较低,附加值较高的部分集中在两端产品设计、品牌营销部分。景德镇陶瓷产业的发展,需要以陶瓷创意和设计为基础,对其进行商品价值包装,强化陶瓷品牌营销传播。因此,景德镇陶瓷产业属于产业链中高附加值的产业类型,效能要明显高于其他产业类型。景德镇陶瓷产业还属于低投资高收益的产业类型,还可以实现一次投资多次收益,而这一结果的实现主要依赖附加值的不断附加。

4. 产业融合属性

景德镇陶瓷产业的特点是陶瓷的文化创意、思想或者设计,对于其他实业产业发展来说,陶瓷产业融合性较强,能够在不断地发展融合中形成新的产业,如延伸出的陶瓷文化创意旅游等。景德镇陶瓷产业属于高端产业类型,原因就在于其创造了高额的附加值,与其他产业能够较好地融合发展,推动价值出现新的分配路径,也就是说,提高景德镇陶瓷产业价值传导的效率可行性较高,表现为,可以将陶瓷研发、生产、加工以及销售变为产业链的形式,加入新的文化元素,使其产生很高的附加值,从而实现产业的高价值性。

5. 高风险属性

陶瓷文化创意产业高风险属性指的是,该产业的价值构成是由创意主体、受众以及组织生产过程所共同组成的。也就是说,陶瓷文化创意产品开发需要依赖于陶瓷艺术家和设计人员等,他们的创新思想都非常独立、新颖。陶瓷文化创意产品的高风险性是由其自身的特性所决定的,创意产品属于精神性、文化性和娱乐性或者心理性的产品,产品还需要接受市场的检验,是否能够契合市场中的复杂性约束因素还有待进一步观察,这些因素主要有:消费者喜好、时尚因素、发展机遇、地域文化以及环境等,这给陶瓷文化创意产品的推广,带来了极大的难题和不确定性因素。陶瓷文化创意产品的高风险性意味着投入和产出的比例存在很大的不确定性。因此,在对陶瓷文化创意进行社会化转化的过程中,需要重视陶瓷创意的设计、包装以及后续价值的延伸发展,这就需要团队合作,共同参与到陶瓷文化创意经济价值转化的每一个环节当中,加速价值转化和实现。

三、景德镇陶瓷产业价值传导的影响因素

在文化创意产业价值传导的影响因素研究方面,最早出现的是针对文化创意产业现象形成原因的研究。在20世纪的80—90年代,欧洲创新环境研究小组(GREMI)创立了"milieu"概念,也就是情境或者氛围,意思是,环境或者背景对于事物的产生具有重要影响力。创意情景具有四方面的特征,表现为:信息传递性、知识或者信息的储存性、个人能力对于活动的胜任性以及创新能力。创意情景是特殊的氛围类型,对于创意的产生具有直接或者间接影响力的因素都属于创意情

景。影响创意情景发展的因素有:财政、规章制度以及原创性的知识和能力等。

在创意情景研究理论之下,学术界和理论界出现了很多关于影响创意产业形成和价值传导能力因素的总结。一般而言,影响创意产业发展的应当包含以下几种因素:人的因素(表现为人品和意志;领导能力和素质等);环境因素(表现为发展机遇、文化环境、地方特色城市空间、基础设施等),也可以将影响因素分为四个方面,分别是创意人才、投资体系、知识产权保护机制和信息交流平台。

对于景德镇陶瓷产业的价值传导而言,其最为重要的决定性影响因素来自陶瓷文化创意人群。从区域上来说,陶瓷文化创意人群应当归属于一个阶层,陶瓷文化创意阶层可以界定为独立的陶瓷文化创意企业或者个体;陶瓷文化创意阶层在社会上具有重要价值和地位,这一群体是景德镇城市变迁和千年陶瓷文化发展的主要驱动力量。因此,陶瓷文化创意阶层对于景德镇陶瓷产业的发展具有非常重要的价值和意义。当然,除了这一要素,还有其他的影响因素,如陶瓷文化创意环境、陶瓷文化创意产品的成本等,这些都会对景德镇陶瓷产业的发展产生不同层面的影响。陶瓷文化创意的来源还包括城市环境、创意价值网络的发展,这两个因素与创意阶层共同促进了价值创造力的提升。

随着经济全球化、文化全球化的日益加深,景德镇陶瓷产业已经发展成为区域社会发展的重要支撑产业,其低碳、低能耗、高附加值的优势,使其成为区域社会发展的关键组成部分,也代表了区域竞争力和综合实力。景德镇陶瓷产业在发展的过程中,需要以自身特性为基础来不断发展,确保其价值得到不断的发挥和呈现,这也是景德镇陶瓷产业发展的动力和策略。这就需要政府部门在管理景德镇陶瓷产业过程中,重视价值管理;也需要学界从内部因素出发,研究其内在价值传导原理,将其内部机制与外部市场环境相结合进行研究,从而进一步找出促进其价值增值的策略和方法,提升整个产业创新效率,完善其盈利模式,使景德镇陶瓷产业的竞争力得到较好的提升。

第三节 景德镇陶瓷产业价值传导机制研究

产业价值传导机制,一般而言是指进行并实现产业价值传导的途径与方式,其既指代一个过程,也代表着调控的方法与手段。从某种意义上说,合理机制的建立比其他措施的实行在提升产业价值传导效率和效果方面起到更大作用。但机制的建立所需甚多,除了合理的组织结构、管理者的支持、行之有效的激励机制、高度认定的企业文化等软环境,还需要现代化技术手段、开放式交流平台等一系列硬件条件的支持。

一、景德镇陶瓷产业价值传导的技术机制

景德镇陶瓷产业价值传导机制的构建涉及甚广,需要在多种元素的共同作用下有效推进。技术元素作为其中之一,尽管无法使景德镇陶瓷产业价值传导机制出现根本性的变化和质的飞跃,但合理投入和使用的技术设施却可以为企业的景德镇陶瓷产业价值传导提供交流平台和应用平台,使景德镇陶瓷产业价值传导更顺畅高效地进行。针对我国的现实状况,立足于当前阶段文化创意产业价值系统的组织学习形式,景德镇陶瓷产业价值传导过程中的基础技术层面的构建应为当下价值传导机制建设的重中之重。

价值观培训是国内组织学习形式的一种较为传统的模式,也是最主要的一种方式。但随着价值在纵向维度上的更新换代和组织在横向维度上空间分布范围的日益拓展,这种集中培训的价值观学习形式亟待与时俱进。传统的培训大多采用面对面的形式,受培训者一般需要脱产学习,由此带来的人力资源的闲置会带来企业经济效益的损失。而这种集中培训的形式也总是难逃填鸭式理念灌输的窠臼。离开实际可操作环境的浸染,员工在理解价值理念方面存在一定困难,且理解部分得不到及时运用消化,很难内化为自己的价值认同。

飞速发展的现代化信息技术的支持为增强景德镇陶瓷产业价值传导的深度和广度提供了可能性。信息技术的使用也有利于挖掘潜在的价值理念和在一定的管理规范下的隐藏价值,极大提高景德镇陶瓷产业价值传导的效率。在信息互联资源共享的平台,用户可以和能够重复利用的系统化资源充分连接,更能适应业务活动的需要,同时与信息系统以及彼此之间密切互动,在深度理解价值理念的前提下提升自身的景德镇陶瓷产业价值传导能力。

1. 大数据的运用

可运用大数据的信息集成组织价值库、记忆库的云存储,做好价值信息的分类整合和选择提取。基于局域网和Internet搭建讨论平台、远程会议、可视化交流等可打破景德镇陶瓷产业价值传导中的时空障碍和资源限制。通过云端资源的及时整合更新以及将其与实际的工作环境进行高度匹配,保证价值资源的时效性、持续性和前后一致性,使景德镇陶瓷产业价值传导更具有现实的可操作性。

2. 云端价值资源的分类整合

大数据和云端存储的应用,信息分类的合理优化,极大地提高了信息检索的速度;在景德镇陶瓷产业价值传导过程中由于信息技术的运用,各种变量的追踪和参数的调节成为可能,景德镇陶瓷产业在价值传导过程中不断完善传导机制,改善景德镇陶瓷产业价值传导的任务绩效。海量的信息和细致化的选择、应用能

更好地满足员工个性化的需求,降低景德镇陶瓷产业价值传导的成本,扩大了共享的范围,扩展了交流的通道。

3. 现代化多媒体手段的技术支持

现代网络技术和多媒体技术的结合可以极大地丰富景德镇陶瓷产业价值传导的形式,完成传导过程由单一化向多质化的转变,有效提高信息流转的速度;学习方式的多样化使学习内容广度和深度获得极大提升,更大的受众群可以通过富含价值系统特点的情景化学习、案例学习、仿真学习等提升自身学习的有效性,学习过程的可控性得以体现;信息化管理应用到产业价值传导当中大幅度消减了管理成本,使管理过程更具有科学性;过程历史可记录,课程积累成有效资源,可以作为员工考核的重要参照依据。

大数据的运用、云端价值资源的分类整合、现代化多媒体手段的技术支持,提升了价值资源的共享性和推广力度。这使得价值信息资源更具有时效性,提高了与现实之间的契合度,面临着日新月异的工作和社会环境的员工可以在短时间内获取更多第一手信息数据,并及时进行实践创新,达到自身的价值认同与能力发展的共赢。

不可否认的是,尽管"电子学习"有着传统培训所无法达到的各种优势,但无法彻底取代传统培训。信息技术所搭建的学习平台只是一种工具,要在综合价值传导机制的骨架内运用,而不可一味强调其优势转而忘却真正的目的所在。电子学习平台要有机地融入企业管理的大框架之中,与绩效考核、人事管理、ERP 等系统相结合才能发挥更大的作用。再者信息技术的运用除了硬件设施的投入之外,还要重视软件的开发使用,从资源分类整合、文化整合、业务整合等角度确定信息技术的实施手段,避免造成浪费。企业的决策层有必要提高自身的技术素养,以免以外行人的身份带来技术应用上的盲目和混乱。要综合景德镇陶瓷文化创意企业的整体发展,从达成效果的利益考量,突破自身角色定位的限制,重视技术价值在获取、鉴别、加工、组织、管理以及价值信息安全保障等方面存在的问题,保证景德镇陶瓷产业价值传导的质量和效果。

二、景德镇陶瓷产业价值传导的组织机制

组织结构影响着景德镇陶瓷产业价值传导方方面面,设计合理、执行严谨的组织结构对价值流动的速度、景德镇陶瓷产业价值传导的广度和深度有着重要影响。传统组织结构刚性有余而灵活性不足,对价值的流动和创新有着一定程度上的阻塞作用。需要在组织结构设计中给予价值流动的分流以充分考虑。这就需要重新整合职能部门的组织结构,使其更符合景德镇陶瓷产业价值传导的客观规

律,通过过程的调整重塑集体学习行为,实现景德镇陶瓷产业价值传导、学习与实际运作的对接。

首先,推行高层领导承包责任制。高层领导在提升自身科学素养和管理理念的基础上,从总体发展的大格局进行全面的规划设计,制定在组织内运行的有利于产生学习氛围的运作程序和管理机构。决策者要在充分调研的基础上,广泛考虑各个变量相互的影响作用。

其次,要想景德镇陶瓷产业价值传导达到预期效果,就必须把价值传导工作与其他工作摆在对等的位置上,设置专门的职能部门予以具体规划设计指导和实施,把产业价值传导嵌入企业发展的方方面面,让价值观认同真正助力企业发展。

最后,价值管理部门要有足够权限对价值传导活动进行设计管理,并要制定相关标准不断加强各部门之间的协作和配合。一方面,要"简政放权",删减不必要的审批汇报程序,使决策权合理下移,避免出现大包大揽现象,降低产业价值传导的成本,提高整体运作效率。另一方面,要注重产业价值传导基层组织的打造,拓展产业价值传导的横向延伸,通过兴趣小组建设,基层传导组织推动等各种形式促进价值的共享。

三、景德镇陶瓷产业价值传导的文化机制

景德镇陶瓷产业价值传导在技术层面和组织结构层面的各种考量必须要在正确价值文化的指引下进行。文化是一切变革和创新的源泉,文化的革新和认同是一切变革的核心和前提。

在产业价值传导过程中,部分景德镇陶瓷文化创意企业员工在社会不良价值观导向的影响下,缺乏正确的社会价值认同和文化认同,在产业价值传导过程中往往存在抵触情绪。在企业员工薪资待遇不断提高的基础上,职业荣誉感却没有得到提高,这在很大程度上是由自身存在的不利价值导向导致的,这严重影响了员工的钻研和工作热情。尽管由于资金经营等诸多方面的问题,短时间内无法完成价值管理上的技术投资,但价值文化的打造不失为一种短时间内提高景德镇陶瓷产业价值传导效果的有效方法。

价值系统的组织文化环境对产业价值传导有极大的影响,技术价值的特点和其与原有的价值体系的相符性,会带动或阻碍价值的交流与传导,而且要经历一个调适的过程。无论是组织还是个人,总是对原有的价值基础有依赖性,易受原来的价值和观念的影响,不愿为了接受某一新的价值而对原来的相对稳定的价值体系做大的调整。所以在景德镇陶瓷产业价值传导过程中总会有组织或个人表现出某种程度的保守,以磨平和延缓新价值所带来的冲击。

价值取向是决定主体行为的核心力量,它深刻地影响着价值的传导。对于价值系统来讲,首先要求领导层超越具体商业技巧的学习而转向价值观的提升,尤其是一些符合"人本主义"所追求的抽象价值观对于定位组织文化有着强烈的指导作用。当然,其前提条件是能与员工的价值观趋向乃至心理诉求相一致,并能够自上而下地推动价值共享文化的形成。如果想要这样的价值观在一定范围内提高组织凝聚力,让员工能够认同并在行动上有所体现,组织还要结合自身具体特征、使命、远景和发展战略对组织价值共享文化进行再定位,然后科学、简练、准确地提炼核心价值观。

在组织内部的景德镇陶瓷产业价值传导过程中,应该树立"变化"观念,推倒过多的"前提假设"。除了对价值本身突破原有价值结构改造外,景德镇陶瓷产业价值传导的主体应对自身的文化观念和认知心态做适当的调整。

第四节 景德镇陶瓷产业价值传导模式研究

一、景德镇陶瓷产业价值传导的类型

景德镇陶瓷文化创意产品与普通商品不同,存在一定的特殊性。创意产品多指以文化积淀、知识储备、创新创意为主要条件,将人们的智慧和想法合理化地在某个行业呈现出来,并实现物化。创意的呈现带着其特有的文化寓意和内涵,景德镇陶瓷文化创意产品正是基于对创意灵魂的传承才可以在一定程度上为广大消费者带来文化认同和归属。创意产品虽然以商业的形式展现,但其不仅可以是一种商品,还可以是服务、设计等,它往往可以满足消费群体的内心需求。景德镇陶瓷文化创意产品作为人们创意和灵感在内容和形式上实现的有机融合,一方面是技术层面的革新,另一方面也包含内容、设计上的变化。其创新模式可以分为以下三类。

1. 大众驱动创新——创意众包模式

众包模式的出现,是互联网模式下的一场新的商业变革。企业可以根据自身的需要将工作通过网络发布出去,人们可以借助互联网平台参与其中,承担任务,提供相应的创意,帮助企业解决问题,以此获得报酬。互联网平台的构建有利于企业和参与者之间形成连接,众包模式也正是基于网络连接才能更好地获得发展。众包使企业通过网络充分借助外界力量(专业特长者、业余爱好者等)解决自

身在研究、生产中存在的困惑和问题,以此来较好地推动创新和创意的产生;创意众包模式在未来的一段时间里将会改变设计、营销等相关产业。与此同时,创新必然会带来崭新的商业模式,成为跨越时间和空间的社会化行为。

众包是一种具备网络、陶瓷文化创意和集体合作等多元素的产业模式,任何参与者虽然在参与项目时存在一定的个人主义,但在实际的操作过程中需要很强的集体感,只有这样,才可以在网络的作用力下实现文化的认同和项目的成功。可见,伴随着社会进步和经济发展,创新人才日益受到社会的广泛关注,创新人才的不断增多推动着创意产品和服务的革新,继而带动着整个产业的蓬勃发展。

总而言之,众包模式是基于互联网作用下由自发性动力驱动而产生的创意模式,它的出现为企业带来了一种新的思路和体验,整个陶瓷文化创意众包模式中体现出的参与式文化是其他日常工作任务所无法实现的,其在更广范围内集思广益,带来了更多的创新和创意,使陶瓷文化创意企业在研发和设计上迸发灵感,使创新成为一种社会行为而又不仅仅局限于企业内部。对这种模式而言,其在今后的发展过程中将会影响更多的行业,若其在陶瓷产品设计广告等行业逐渐推广开来,对于推动陶瓷文化创意产业的融合发展将大有裨益。

2. 企业驱动创新——模块融合模式

模块化主要是指在将整个系统进行分解和重新整合的过程,在不同的解构和组合中形成和体现不同的产业结构。正是经过反复的改进、整理、合并才能设计并创造出符合人们日益增长的文化和物质需求的产品。模块化的过程就如同"搭积木",不同的排列组合可以形成新的产业体系,使之历久弥新、充满活力,更好地进行信息处理。

模块化分工是该模式形成和发展的基本前提,该模式的自身内部的循环可以在一定程度上排除外界的不良干扰,消除内部出现的异动。整个系统中存在的隐性信息和显性信息使不同模块之间既相互统一又彼此独立。模块企业之间要想谋求又好又快的发展需要在相互合作的同时,保持独立性,这样一来就促使创新网络构建过程中内部关系可以有不同组合,相对松散。

景德镇陶瓷文化创意产品的发展和成长离不开企业的模块化分工。企业在分工过程中往往坚持互补性结合,也就是将具有互补功能的、有相同标准元素的不同产品相互融合,只有这样才能使相对独立的产品在统一标准实现兼容。不言而喻的是,企业的发展和创新一方面离不开技术的革新,只有技术发展才能促进产业融合;另一方面也离不开物质支持,只有宽松的经济氛围,才能使多种合作观点相互碰撞和融合,为陶瓷文化创意产业的发展提供无限的可能性。

3. 需求驱动创新——用户创新模式

知识经济时代,陶瓷文化创意产业的创新速度不断加快,创新主体日趋多元,要想谋求进一步的发展和创新,不仅仅需要关注企业自身和大众,还需要对创新产业的主要用户进行探究,只有这样才能更好地驱动创新的发展。信息时代,人们文化水平的普遍提升和技术发展的突飞猛进使得用户创新获得了更为广阔的发展空间。

对于用户创新模式来说,其相对其他创新模式具备如下的优点:一是可以充分根据用户心理进行设计,满足用户的不同需求;二是用户可以根据实际情况,自主选择办公地点进行产品的研发,有利于设计过程的加速。三是用户自主设计往往较为完善和成功,有利于节省交易成本。

很多陶瓷文化创意企业为了更好地发挥用户创新的作用力,专门根据用户创意习惯设置了相应的陶艺体验工作室,并通过互联网、社区等听取用户对陶瓷文化创意产品的体验和建议,进一步借鉴用户反馈进行改善。

二、景德镇陶瓷产业价值传导的实现

创新和创意已经成为新时期人们耳熟能详的热点话题。当今时代,亟须解决组织与创意之间的排斥和对立。鉴于整个创新过程并不是个体独立完成和存在的,具有一定的社会性,其就必须有相应的组织,而组织的部分因素又会对创新和创意的发展带来不利影响。不同的创意涉及多个产业,创意的覆盖面使其可能在不同行业中产生的意义迥然不同,而这种产业的不同并不能从组织上进行区分。一般而言,企业的核心竞争力往往关系着企业内部的结构优化和管理创新,因此,创新企业的组织结构能否与产业的快速发展趋势相匹配显得十分重要。

1. 网络组织模式

通过对网络组织的探析和研究发现,目前,学术界对网络组织概念、特性等方面的研究较为丰富。网络组织作为知识经济时代下衍生的新型模式,能够在一定程度上积极地适应不断变化的复杂环境,这类组织带来的绩效和业绩往往比其他组织更好,持久性更强,也比等级制度下的组织显得更为公平和公正。网络组织还可以缓解管理工作过程与艺术家创意产生的矛盾,建立起较为默契的协调机制。这种机制虽然并未形成正式的合同或合约,却起到了很好的效果。这种特性也使得网络组织更加适合于景德镇陶瓷文化创意企业。

网络组织模式在现如今已经受到了越来越多企业的认可和关注,许多公共机构也开始采纳和运用。鉴于整个网络组织需要知识信息、专业技术、物质资产等多要素的有机融合才能形成,在网络连接过程中更好地契合各要素就成为企业在长期竞争中立于不败之地的重要原因。

网络组织作为近些年来网络环境与产业融合的新型组织形式,相较于过去传统企业组织,更为开放、包容和具有动态性。网络组织虽然不太稳定,也并不是完全符合标准化的组织,但其自适应的结构在应用过程中或许会产生意想不到的效果,形成一种特定目标下的超组织模式,使得企业组织之间融合度更高、互补性更强。该组织所表现出来的自身属性和特征与产业融合的方向将保持一致。这一特点也表明,无论是全球性企业还是大、中、小型企业,其网络组织都存在一定的类似或相同之处。

在实际运用过程中,景德镇陶瓷产业中已开始形成网络组织,如陶瓷设计行业。互联网时代,商业关系和网络的应用愈发不容小觑,它们为企业创造了多样的经济机遇。因而,在很多创意创新产业发展的道路上,组织界限变得越来越模糊。结构被程序代替,成为企业持续发展的必要操作步骤。网络组织与传统企业组织相比,具有更高的自主权,主要是由于其构建于一种非契约的协调和控制机制,并不被雇佣关系左右,完全是市场调节的结果。

2. 集聚组织模式

景德镇陶瓷产业在发展过程中的重要空间组织形式表现为创意企业集聚,聚集若达到一定程度,便自发地形成了一种标准和规则,能为以后的发展提供范本,并更好地代表集聚内部与外界进行沟通。还可以称这种自发集聚的组织模式为集聚组织模式。

新经济发展突破地域限制,往往在某一空间中运行。伴随着时间的流逝,许多经济交易开始向这一空间发展。以欧洲为例,早期的艺术聚集地的形成多是由于艺术家们发现该地域的租金合理而就此定居,伴随着越来越多的艺术家集聚此地,艺术品商人也纷至沓来,逐渐形成一种趋势,使得原本无序的集聚变得另有意义。

这几年,市场主导型的景德镇陶瓷产业园区也向着集聚化模式发展,从产业结构上来分析,不难发现,市场主导型的企业有着半开放式的组织结构,这种集聚有利于企业之间的交流和创新,可以融合各自创意,进行整合和学习,继而促进陶瓷文化创意企业的进步。

总而言之,集聚组织模式和网络组织模式的出现,推动着景德镇陶瓷产业的持续发展。后者使得创意组织充分利用网络空间发挥作用,将创意活动的辐射面变得更广,吸引更为优秀的人才参与到项目的研发和设计当中,在保障陶瓷文化创意企业绩效的同时还能充分发挥组织的灵活性,用较少的成本获得更好创意。

第五节　景德镇陶瓷产业价值网络的演进逻辑与形成动因研究

创意经济已经深入传统经济的骨髓，景德镇陶瓷产业的快速发展已经成为区域经济发展的一个亮点。如何利用景德镇陶瓷产业价值网络的优势，分析产业网络规模如何有效扩大，如何突破价值链的传导瓶颈，如何从实物型管理向价值型管理转变等，是当前亟待解决的问题。要解决这些问题，就需要对景德镇陶瓷产业价值网络的演进逻辑和形成动因等展开分析，以探索价值网络在景德镇陶瓷产业中的运作机理，分析景德镇陶瓷产业价值网络的基础和来源。

景德镇陶瓷产业的增值与传统产业有较大不同，其价值增值主要来自将无形和抽象的创意转化为具象的产品。创意产品有吸引力，才具有价值上的增值功能，才能引发消费者的购买行为。景德镇陶瓷产业可以满足人们休闲、日常使用和审美的需求，因此，景德镇陶瓷产业对于社会的价值不仅表现为美学价值，还表现为经济价值，这些价值都将通过价值网络实现。

一、景德镇陶瓷产业价值网络的演进逻辑

1. 景德镇陶瓷产业价值网络的逻辑起点

景德镇陶瓷产业价值网络的逻辑起点来自经济学价值链理论。景德镇陶瓷产业在发展过程中，为了能够快速占据更多创意产品的市场，需要不断提升自身竞争力。因此，景德镇陶瓷产业非常重视将各种不同的创意供应链进行有机结合，形成企业所擅长的价值体系。景德镇陶瓷产业价值体系通过不断拓展，逐渐形成了具有更加紧密的利益共生关系的价值网络。一般的价值网络主要包括供应商、顾客、提供商、渠道伙伴、竞争合作者、分销商等。简而言之，价值网络就是围绕利益形成的各种参与主体之间有关生产、经营等的网络组织。价值网络起源于价值体系，而价值体系最初发端于价值链。

景德镇陶瓷产业价值网络是创意价值链发展的企业规模化、产业化阶段的必然结果。价值链侧重于裂变、分解等价值模块的分类和组合，侧重于价值模块的塑造。价值体系则侧重于把不同资源性质的价值模块通过一定的标准和规则进行更加高端的整合。经过进一步的发展，景德镇陶瓷产业价值体系中各种组织模块之间经过更加紧密的合作、竞争、共享、创新、沟通等最终形成企业价值网络。

因此,景德镇陶瓷产业所具备的创新性为创意价值网络的产生和发展提供了天然的发展平台。

传统价值链理论主要以西方经济学家迈克尔·波特、彼得·海恩斯为代表学者。他们认为企业生产经营活动就是产生一系列经济价值的过程。企业从价值创造中获得自身竞争优势,又通过价值创造形成与相关利益者的价值链接。传统价值链理论侧重于从产业出发,分析以产业为中心形成的各种价值链接关系,在景德镇陶瓷产业中,随着企业生产经营规模的不断扩大,企业不但要处理好自身与相关利益单位之间的关系,也要处理好与非利益单位的关系。因为一些非利益单位等也会对景德镇陶瓷产业价值创造产生间接影响。可见传统价值链理论已经不适合时代发展的需要,由此产生了虚拟价值链。

景德镇陶瓷产业的虚拟价值链包含景德镇陶瓷产业产品生产中与各种相关利益单位的链接,同时也不能忽视其他间接利益单位的关联考察。景德镇陶瓷产业价值链还存在着虚拟的变动,这是对传统价值链理论的丰富和发展。但是景德镇陶瓷产业虚拟价值链的重点仍然是创意产品制造过程,而在客户、产品消费者等方面有所忽视。尤其是随着现代创意技术的快速发展,景德镇陶瓷产业在生产经营方面出现了明显的创意网络化、创意全球化发展趋势。

景德镇陶瓷产业生产经营已经不再是狭小的地域性行为,现代景德镇陶瓷产业更加重视全球化市场的拓展。这需要景德镇陶瓷产业树立更加广泛的全球化价值链理念,而要想推进景德镇陶瓷产业全球化价值链的建立,需要景德镇陶瓷产业更加重视不同国家创意产品消费人群、供应商和分销商的特点。景德镇陶瓷产业全球化价值链理论的提出,具有典型的优势:一是能够改变传统价值链研究的线性局限,更加重视更广范围内创意价值模块之间的逻辑关系。从总体上看,能够进一步提升创意资源的配置效率,能够比较快速地适应全球化景德镇陶瓷产业市场变化的环境。二是能够更加动态地看待各种景德镇陶瓷产业竞争行为,有利于激发景德镇陶瓷产业价值链中不同利益单位的创新意识,提高创意资源的利用效率,进而实现景德镇陶瓷产业效益的最大化。三是能够改变以往价值链理论单向配置的弊端,既重视上中下游不同产业供应端创意资源的整合和竞争,同时又能够进一步链接各种利益单元,形成竞争中有合作、合作中充满竞争的全新创意价值链体系。

因此,景德镇陶瓷产业价值网络的起源是价值链,也就是要从整体出发研究景德镇陶瓷产业价值链,通过把各种利益单元纳入价值链领域,探讨各种利益单元之间的合作、竞争和冲突等利益关系,这正是价值网络的起点和基础。

2. 景德镇陶瓷产业价值链到价值网络的演进

价值网络是价值链思想的进一步丰富和发展。景德镇陶瓷产业通过建立高效价值链,可以进一步降低竞争成本,形成差异化竞争优势,能够更加顺利地实现精益制造、灵活制造等。但是,竞争环境的不确定性和复杂性,导致价值链的指导意义在景德镇陶瓷产业发展中显得有点力不从心。由此,景德镇陶瓷产业必须要建立更加高端的网络化价值理念,改变以往传统线性价值链理念。景德镇陶瓷产业价值网络的演进需要具备以下条件:

(1) 价值活动界限的模糊性及联系的网络化。

景德镇陶瓷产业价值链侧重于线性考察,重点围绕上中下游景德镇陶瓷产业产业端思考如何增加价值。传统价值链线性思维在早期景德镇陶瓷产业经济下具备一定优势,随着买方市场的不断发展,景德镇陶瓷产业已经由以往的以生产端为核心变为以消费端为核心。简而言之,景德镇陶瓷产业必须围绕消费变化趋势不断调整自己的价值链,而实际上景德镇陶瓷产业的价值链本身也属于价值网络的一个子集。要想真正创造满足消费者需要的创意产品,景德镇陶瓷产业必须树立网络化创意价值理念。价值网络的建立,可以让各种相关价值链条产生更加紧密的链接,这种链接可以实现景德镇陶瓷产业价值创造的几何式增长,能够改变以往景德镇陶瓷产业价值活动的模糊性,实现更加紧密的生产、创新、营销等网络化价值创造优势,同时提供了更多价值链选择方式,能够帮助景德镇陶瓷产业选择更加高效的价值链。

(2) 产品或服务本身要求价值链的网络化集成。

在价值链环节中,制造商更加重视生产制造单元,对消费者的关注度相对不高。而创意经济的发展使得消费者在市场竞争中的重要性日益明显,为了生产更多满足消费者个性化消费需要的创意产品,需要建立以消费者为核心的景德镇陶瓷产业经营管理体系。传统单一产品或服务的生产模式必须要向为消费者提供量身定做的产品或服务的生产模式转变。

(3) 创意技术对景德镇陶瓷产业价值链向价值网络的整合起到了推动作用。

现代创意技术的快速发展,为景德镇陶瓷产业价值网络的整合提供了强大技术支撑。通过现代创意技术,产业能够更加高效地实现各种不同网络节点之间的网络化链接。传统价值链在现代创意技术加持下,已经变为价值网络的组成部分。创意技术可以有效实现各种知识与资源的共享,由此能够帮助不同节点之间快速形成紧密的网络化链接。随着景德镇陶瓷产业价值网络化程度的提升,传统价值链之间的模糊性就会逐渐厘清,网络价值是对传统线性价值的根本性的提升。

总之,技术创新为景德镇陶瓷产业价值网络的出现提供了更加便捷的渠道,实现了知识与资源的共享,促进了景德镇陶瓷产业价值网络体系的最终建立。

二、景德镇陶瓷产业价值网络形成的动因

1. 景德镇陶瓷产业价值网络形成的外部环境

(1) 创意全球化为景德镇陶瓷产业价值网络的形成营造了市场环境。

从 20 世纪 80 年代开始,创意产品国际贸易呈现快速增长趋势。各国也日益重视创意产品贸易的发展,为本国创意企业提供了更加宽广的发展平台。创意国际经济组织的建立,为在创意产品贸易中消除各种关税壁垒和市场限制等提供了积极帮助。创意全球化使得以往创意企业狭小和封闭的以国为单位的生产营销生态受到严峻挑战。创意企业要想进一步发展壮大,必须要树立创意全球化经营理念,通过与国内外创意企业开展战略联盟或产业合作等方式,开展全球性创意资源、市场、生产、创新等的整合。这反过来进一步促进了全球景德镇陶瓷产业网络价值体系的发展。通过国际产业分工,各产业能够更加有效地发挥自己的比较优势。

总之,经济全球化带来全球企业更加广泛的分工,而价值网络分工的细致化,进一步为价值网络的发展提供了现实基础。

(2) 现代信息技术及电子商务的发展为景德镇陶瓷产业价值网络的形成奠定了技术基础。

信息网络技术的快速发展,使得传统价值增值方式也发生了明显变化。基于现代信息网络技术,创意企业建立了计算机辅助设计、信息管理系统、集成制造系统、企业资源计划、计算机辅助制造等全新的价值网络。这在很大程度上提升了景德镇陶瓷产业价值创造的能力,价值增值效果明显。现代电子商务的出现和发展,更是把信息网络下价值网络的潜力挖掘得淋漓尽致。电子商务可以把创意信息、生产、物流、营销、金融等元素进行更加集约化的汇集,能够建立更加高效有序的信息化服务体系。线上、线下运营结合是景德镇陶瓷产业价值网络最典型的实践,创意产品或服务借助电子商务平台被更加高效地展示,更快地获得了广大消费者的青睐。

因此,从某种程度上说,景德镇陶瓷产业价值网络的形成需要现代信息网络技术的支撑;现代信息网络技术的发展,为建立全球性景德镇陶瓷产业价值网络体系提供了可行办法。

(3) 客户价值导向成为形成景德镇陶瓷产业价值网络组织的战略重点。

社会主义市场经济体制下,客户至上已经成为企业生产经营中必须奉行的首要原则。消费者在买方市场下占据明显优势地位。同样的,景德镇陶瓷产业必须要围绕客户需要开展创新、生产等工作才能真正获得竞争优势。现代客户对多样

化、个性化产品的追求,迫使景德镇陶瓷产业必须为客户提供更加高端和具有创新性的产品。原因有两点:一是客户有更多选择机会,不再受单一供应企业的限制。信息网络下,客户可以借助网络信息平台搜集所需要的创意产品和服务的信息,能够以更低的成本选择产品的生产商。二是个性化创意服务将会成为消费新主流。景德镇陶瓷产业要想赢得消费者青睐,必须要对创意产品的设计、生产工艺、包装和物流等各个环节进行优化和创新,这样才能巩固发展景德镇陶瓷产业的消费市场。例如,景德镇陶瓷产业不能仅关注生产端,更要重视为客户提供体验式消费机会,让客户通过良好的消费体验提升对创意产品和服务的归属感。

上述客户价值导向的变化,要求景德镇陶瓷产业必须要建立更加高效率的供应网络,实现更加准确的创意生产营销,这样才能降低成本、增加企业发展后劲。同时,景德镇陶瓷产业价值网络还可以实现大规模定制化生产,以快速满足消费者的个性化、差异化消费需要。景德镇陶瓷产业价值网络节点的各个组成单元可以借此实现各种资源要素的最佳配置,快速地反映消费者的需求。

(4) 组织范式和组织理论的演进为景德镇陶瓷产业价值网络的形成更新了思维观念。

创意经济时代,企业也对组织结构和经营模式进行了相应的改革。景德镇陶瓷产业组织范式主要经历了 U 形结构、M 形结构及现在的网络结构三个阶段的变形。网络结构组织范式主要强调通过不断开展与内外网络之间的联动,实现组织系统和组织过程的集约化。各种行为个体和单个组织只有把自己放在紧密的组织网络之中才能获得更好的发展机会。新型企业组织范式下,传统集合和链条组织方式已经不适应企业发展的需要。建立应用枢纽,实现网络组织成为必然的选择。网络组织范式中,景德镇陶瓷产业中形成的生产营销合作关系已经转变为本质上的价值创造合作和价值互补关系。通过价值创造和价值互补,可以建立一种更加宽领域的价值网络体系。这样可以让各个利益主体具备更加明显的竞争优势。

景德镇陶瓷产业组织范式和组织理论进一步推动价值网络的发展,帮助各个成员企业实现利益的最大化。

(5) 竞争与合作思想为景德镇陶瓷产业价值网络的形成提供了经营理念基础。

竞争、合作、冲突是景德镇陶瓷产业三种最常见的价值生态形式。其中,竞争与合作思想为价值网络的形成提供了理念基础。景德镇陶瓷产业逐渐改变了以往狭窄的恶性竞争理念,提出了更加开放的互利合作理念,合作竞争逐渐取代以往的对抗性竞争成为景德镇陶瓷产业发展的主流竞争形式。合作共赢需要景德镇陶瓷产业内各利益主体之间形成更加紧密的经营关系。通过各种知识、资源、信息等共享合作,景德镇陶瓷产业内各利益主体可以降低自身研发成本和风险。

2. 景德镇陶瓷产业价值网络形成的内部驱动因素

景德镇陶瓷产业价值网络的形成本质上是各网络节点参与单元利益共生的结果。节点企业通过提供优势资源,参与价值网络分工,能够更加有效地实现发展的内外驱动,帮助景德镇陶瓷产业实现价值最大化。获取更多的网络资源和网络利益是所有节点企业的最大的驱动力,具体获益描述如下:

(1) 共享优势资源。

资源本身具备多样性和稀缺性的特点,部分资源还具有不可再生的特色。景德镇陶瓷企业要想获得发展,必须要具备一定的资源储备。但是,要想获得自己所需要的资源有时是一件较为困难的事情。市场竞争的加剧、消费者个性化的消费需求等因素,更是导致资源竞争的加剧。单靠一家企业通过自身的努力已经不可能获取自身需要的高质量资源。更多企业借助景德镇陶瓷产业价值网络,开展与其他企业之间的资源共享,发挥自己的资源优势。景德镇陶瓷产业价值网络能够帮助具备优势资源的企业联合竞争与合作,企业之间相互补充,共享资源。因此,价值网络的出现,为景德镇陶瓷产业内各网络节点企业获取优势资源,实现资源共享提供了极大帮助。

(2) 构建景德镇陶瓷产业竞争优势。

价值网络还可以帮助景德镇陶瓷产业构建全新的竞争优势。产业竞争在经济全球化时代将会更加激烈,要想在竞争中获得明显优势地位,必须要改变以往的竞争理念和竞争方式。景德镇陶瓷产业必须要集中优势资源打造属自己的核心竞争品牌,将有限的人力、物力和财力资源集中于优势产品领域,这将进一步推动价值网络的形成。反过来,景德镇陶瓷产业价值网络中的领导企业和成员企业之间通过技术、资源、生产等环节的共享,也能够最大程度形成自身在竞争中的优势地位。

景德镇陶瓷产业价值网络天然具有专业化、集群化的竞争优势。价值网络的这一优势,能够帮助景德镇陶瓷产业不断降低运营成本,形成更加具有优势的规模化竞争态势;能够反映消费者的需要,比较快捷灵敏地传递消费信息;还能帮助相关企业实现快速的分工合作,挖掘企业在产品设计制作、服务中的竞争优势。节点企业借助景德镇陶瓷产业价值网络,可以开展更加专业的经营活动,为更多消费者提供个性化的产品和服务,这本身又能推动价值网络的发展,促使节点企业更加重视提升竞争优势。景德镇陶瓷产业价值网络中各节点企业可以通过建立诚信合作机制、构建网络声誉传播体系等方式,进一步降低自身获取各种资源的交易成本。

(3) 景德镇陶瓷产业价值网络协同效应和获取相对超额利润。

获取超额利润,是生产经营的最高追求。在传统价值链下,景德镇陶瓷产业要想获得超额利润是比较困难的,只有处于价值链的核心位置的企业才能获取超额利润,多数上下游企业并不能分享高额收益。景德镇陶瓷产业价值网络的出现,引发了网络协同效应,可以让所有参与价值网络的节点企业分享高额收益,产生 1+1>2 的超额利润回报优势。当然这种超额利润不是以往垄断下的绝对超额利润,而是相对超额利润。这种相对超额利润本质上是各家参与景德镇陶瓷产业价值网络的节点企业通过竞争合作产生的利润的分配。

(4) 促进知识学习与创新能力。

创意经济时代,是否具备知识学习和创新能力已经成为衡量产业竞争力大小的关键指标之一。知识储备相对丰富的产业在竞争中优势就更加明显。景德镇陶瓷产业价值网络的出现有效遮盖了单个企业知识储备相对不足的弊端。节点企业可以借助价值网络获取其他企业的知识资源,降低自身知识学习和创新的成本。景德镇陶瓷产业价值网络本身带来的动态性、敏捷性等的组织模式,也可以帮助企业更快地完成知识资源的集成和动态性开发,促进企业的知识学习和技术创新。

(5) 降低市场风险。

市场价值规律下,生产经营本身就处于不断上下波动的态势。这就给景德镇陶瓷产业带来一定的市场经营波动风险。如何防范市场风险,是景德镇陶瓷产业必须要关注的重要问题。景德镇陶瓷产业价值网络具有高度柔性的敏捷生产体系,能够通过动态的价值联动效应,快速实现资源配置;可以帮助节点企业尽可能降低成本,提升企业市场生存能力和抗风险能力。

第五章　景德镇陶瓷产业创新发展的路径研究

第一节　景德镇陶瓷产业创新发展要素分析

对于景德镇陶瓷产业而言,随着科技进步、分工逐步深化、产业结构体系逐步演变升级,陶瓷文化服务必然会逐步实现知识化、信息化,而这也是生产力发展的根本趋势和必然要求。

一、技术进步

对于社会生产来说,技术是最活跃的因素,技术进步将促使社会生产力显著发展,同时促使生产关系迅速革新。而对于经济和社会整体发展来说,物质条件是基本要件也是巨大动力,因此景德镇陶瓷产业的诞生以及这一产业的后续发展是科技进步的必然结果。人类社会的历次技术突破和变革都会引发产业革命。而产业革命则会进一步导致生产技术变革,并促使生产力大幅提高,甚至催化经济结构领域的重大变革、致使社会结构彻底飞跃。产业革命的具体体现是新产品涌现、生产效率提高,其核心在于技术知识的革新。而人类步入工业时代至今,科技已经实现了迅猛发展。

第一,从表面分析,正因为信息技术快速进步所以生产技术、产业基础技术才会发生变化,如此一来不仅新兴服务业会产生并实现发展,还会加速传统部门生产、管理方式方法的信息化变革,继而促使产业部门进一步分工,推动产业结构逐步实现知识化以及信息化。从深层分析,技术进步能够促使产业结构调整升级,其中主因是技术进步能够致使多个服务业相关单位、部门在生产、增长、发展、提高之间产生差别。业内不同部门因为自身经济特征存在差异,所以吸收、创造以及利用新技术的能力存在差异,导致业内不同行业的规模以及效益提升速度存在很大差异。

在整个服务业中,仅就技术发展速度来说,景德镇陶瓷产业的速度发展较快,具备更强吸收新技术和运用新技术的能力,此行业的劳动生产率提高速度显然比其他各类传统服务行业要快得多,而且在人力上的投入较少,也就是说在就业占比偏低的状况下,景德镇陶瓷产业的整体效益水平却显著提高了。而在生产率方面存在的差异将导致生产要素在多个不同部门、单位之间流动转移,继而会促使产业结构升级。

第二,技术进步将促进陶瓷文化服务行业的产生与发展。微电子、计算机、电子、网络、通信、系统集成以及软件技术等诸多信息技术的迅猛发展,新型技术、商品、工艺、材料的逐步出现及被进一步利用,使得社会分工覆盖更加广泛,生产领域更大,一些过去并未出现的新部门形成了。信息科技的突破将促使新服务行业涌现,服务内容还会逐步丰富。

第三,技术进步不仅会促使景德镇陶瓷产业长期发展,同时还会给此行业提供全新的服务互动的途径和方式。

此外,技术进步还会给传统产业带来巨大改变,尤其是技术层面的巨变。所以,技术进步将直接提高生产力,推动景德镇陶瓷产业进步,并在服务业内部的创新发展中得到充分体现。

二、分工深化

劳动分工深化已经成为传统生产方式向现代社会新生产方式转化的一个典型特征,是现代生产方式变革的主要特征。亚当·斯密作为古典经济学的代表人物,在研究中将劳动分工深化看作提升生产率的重要因素之一。他指出,更加专业化的分工对于提升劳动生产率及推动经济持续增长有着重要作用。技术进步是一种为社会创造新产品、新工艺及新市场的行为活动过程,劳动分工则是推动技术进步的一个主要因素。从生产要素角度来看待经济发展发现,其实际上就是在原始生产要素与最终面向市场的产品中引入生产工具及中间产品等事物与环节,从而让分工更加细化与专业化。此外,随着劳动分工的深化,生产方式开始变得更加"迂回",在分工的助力下更加先进的生产方式被应用到生产过程中,从而使得生产率得到显著提升。

从新制度经济学的观点来看,如果劳动分工带来的边际收益高于交易费用所产生的边际成本,在这种条件下劳动分工应继续深化。生产主体会因此专注生产某产品,也就是说其生产的专业化程度会不断得到提升。具体来看,劳动分工深化突出表现在两方面,一是横向上根据不同产业或产品而产生的分工;二是纵向上根据同一产业或产品不同生产环节而产生的分工。随着经济形态向工业及当前服务经济等演变,无论是纵向产业或产品内部还是横向上产业或产品间的分工都更加明显,在其影响下,生产资源的配置也更加高效。

社会发展进入知识经济时代后,随着服务经济的快速发展,分工深化使得陶瓷生产过程中的许多陶瓷文化服务被逐一分离出来。在其影响下,景德镇陶瓷产业结构发生了重大变革,其规模也得到了进一步扩大。由此可见,分工深化是推动景德镇陶瓷产业发展的关键要素之一,其具体作用机制体现在如下几个方面:

首先,企业内部分工深化使得其内部服务"供应链"被慢慢分解,驱动陶瓷文化服务供给方向实现从内部向外部的转变。在过去工业化还不够发达的条件下,供应链被置于某个陶瓷企业,无论是生产还是服务,每个环节及相关内容均需由企业内部自己供给。但随着工业化程度的提升,许多服务部门开始从工业或服务企业中分离出来,寻找来自外部的供给。特别是随着分工的进一步深化,企业中各环节的独立性明显提升,原材料供应、组装、分销等传统的工业企业内容,还有陶瓷企业中的一些服务性活动,如订单管理、人力资源管理及财务管理等,都从陶瓷企业中慢慢分离出来。在这种情况下,一些陶瓷企业内部服务类部门逐渐发展成为独立企业,使得专业化的服务企业数量明显增加。

其次,陶瓷文化服务企业在分工深化的推动下得到快速扩张。在陶瓷企业发展过程中,如果自身提供陶瓷文化服务所花费的成本大于市场交易成本,企业出于理性考虑会选择寻求外部供给,也就是会把相关业务外包给专业服务类企业,在这种趋势的影响下,大量以提供陶瓷文化服务为核心业务的服务类企业出现了。从企业内部独立出的陶瓷文化服务企业通过价廉质优的专业化服务水平,为企业发展及社会生产提供了有力的支持,对于社会生产效率的提升有着积极作用。

最后,产业间分工深化为景德镇陶瓷产业的发展壮大提供了新机遇。社会生产力的发展水平会直接影响到产业分工体系,会给分工具体层次及内容带来巨大影响。社会生产力的向前发展及人们对生活要求的不断提升,使得劳动分工将由以往的低级分工向以知识要素为基础的高度专业化分工转变。如果分工开始呈现出典型的职业性分工特点,表明劳动人员文化素质得到了显著提升,且简单劳动与复杂劳动两者间的差异明显变小,已经形成以专业化知识为特点的新分工模式。

在这种模式下,越来越多的新知识在分工中出现,在其作用下生产间的关联性进一步提升,从而使得企业内部人力资源及知识生产等部门得到较快发展。伴随着大规模的知识要素与人力资源投入到生产中,生产过程表现出更加典型的迂回与专业化特点。之前以中间服务作为核心业务的陶瓷文化服务部门从实物生产部门中分离出来,逐渐演变为向社会提供专业服务的独立企业。

此外,越来越多的陶瓷企业将专业程度更高的人力资源与知识要素输入进生产企业,借助它们所提供的高效及专业化服务,达到控制交易成本、优化交易活动效率以及提升产业专业化能力的目的,并在此基础上实现对社会生产资源的更优配置。所以,产业间分工的持续深化使得景德镇陶瓷产业得到快速发展及壮大,该行业的发展使得产业间分工得到进一步深化,无形中使景德镇陶瓷产业与制造业间的联系更为紧密,从而形成一种良性互动的发展态势。

三、产业结构升级

从产业结构升级内涵来看,其涉及产业结构高级化和产业结构合理化两个方面的内容。前者主要指的是利用高新技术对传统产业进行改造和引入的先进技术、新兴产业等在规模上及占比方面的增加。从微观层面来看,其主要体现在产品及工艺形态等方面的高级化;从宏观层面来看,其主要体现在以知识和技术密集型产业代替劳动密集型产业和资源密集型产业;以新兴产业代替传统产业等。后者更为强调的是不同产业间的是否具有较好的协调性及关联性,不同产业间是否存在良好的转化及互补关系,在它们的共同任务下经济要素是否可以在产业间得到优化配置。任何一次或一种产业结构升级其往往都是劳动力要素、生产资源要素、中间要素以及技术知识要素等在不同产业部门中进行合理配置且逐渐优化的过程。该过程同样也是生产力向更先进方向发展的过程。从这个角度理解,在科技进步、社会分工深化及产业结构持续优化的作用下,景德镇陶瓷产业的发展是一种必然趋势。

首先,景德镇陶瓷产业的发展是陶瓷产业结构不断高级化的客观表现。产业发展过程中总会有一种或多种生产要素在其中发挥着关键作用,它们的扩散应用会给相关产业组织及技术等带来深刻变革,从而推动产业结构向更高层次发展。从历史上出现的几次产业革命来看,每次革命均会带来一种变革性新技术。与此同时,新技术驱动下的革命为社会生产带来了新的生产要素。这些要素投入到产业中并不会马上使产业结构出现显著变化,但其会不断尝试与其他生产要素进行组合,然后发展出最优组合模式。一旦这种组合模式形成并被固定,而且能够帮助企业降低生产成本及扩大生产规模,它在产业中的应用会持续增加。正是由于该生产要素在产业中的应用范围不断扩大,会有一些与之相关的产业开始兴起并发展,最终给产业组织及管理模式带来变革性的影响,然后使此前的产业结构受到破坏并慢慢构建起一种新的产业结构。

其次,景德镇陶瓷产业的发展是陶瓷产业结构逐步合理化的表现。评价产业结构是否科学合理,主要是要从产业间的关联性、协调性,以及在这两者作用下经济要素在不同产业间的优化配置等几个方面来综合判断。产业关联一般强调的是不同产业间的联系方式与程度,及其对经济增长的作用力,其是人们了解生产专业化及社会化程度的一个有效指标。在信息技术及社会分工深化的综合作用下,人类经济发展规模不断扩大且运转更加精细,在其影响下产业关联进一步对外扩充,无形中加剧了经济活动所面临的不确定性。这时就需要发挥信息在经济活动中的作用,以降低各种不确定状况发生的可能性。

在工业经济时代,社会分工深化是影响产业关联程度的一个重要因素。社会分工深化程度越高,在其作用下生产迂回路径就越长,使得中间产品交易规模及频次等都不断上升。在此条件下整个经济系统中的组织及管理也更加复杂。在这些因素的综合作用下,经济运行效率势必会下降。但进入知识经济时代后,以信息及网络为代表的信息技术给产业环境带来了变革,生产过程中的中间环节可以被看作是网络的构成节点,这些节点构建起了一种分布式结构。该结构自我组织能力十分突出,赋予了产业关联新的含义。在信息化社会,景德镇陶瓷产业的信息化程度显著高于其他产业,凭借这一优势它可以推动其他产业在信息化方面的发展。

第二节 景德镇陶瓷产业创新发展的机理分析

当前世界经济虽然有所增长,但是增长速度整体下降,全球经济开始稳步调整。由于诸多发达国家开始进入后工业化时代,同时少数发展中国家着力于发展中低端制造业,我国国内环境、资源和劳动力等优势逐步削弱,外资优势也已经逐步消失,少数高端的外资制造业和文化服务业已经呈现逐步回流到发达国家的趋势。种种趋势导致国内生产效率有所下降。

在此经济发展态势背景下,我国加速推进文化服务业发展和产业结构现代化,促使相关生产效率不断提高、经济更快增长。从区域经济发展而言,唯有不断推动景德镇陶瓷产业逐步演化发展,才能推进江西文化服务业的快速发展。江西省委、省政府已经强调了景德镇陶瓷产业对于区域经济发展的重要作用,各级政府进一步加强了关于景德镇陶瓷产业发展的部署,并且逐步确立了创新发展的基本原则。景德镇陶瓷产业和相应关联产业的形成与发展是不同要素共同作用的结果,所以有必要对相关要素及其产生的效应进行分析。

一、景德镇陶瓷产业的基本特征

一般而言,景德镇陶瓷产业的概念是相对于传统文化服务业而言的,主要是指当陶瓷文化服务业水平达到一定发展阶段之后,形成以陶瓷文化创意、互联网+、现代管理等创新技术、创意思想为内涵,利用陶瓷文化服务业运作、组织模式逐步发展起来的,能够为现代文化生活、文化产品服务的产业集聚。与传统文化服务业相比,景德镇陶瓷产业有许多相同的基本特性,譬如所提供服务的异质性,以及消费、生产同时进行的特点等;同时,景德镇陶瓷产业还有诸多特殊属性,具体包括:

(1) 效益高,与传统文化服务业相比,景德镇陶瓷产业利用资源产出的效率水平要高得多,并且还能够为其他产业效益的提升提供条件;

(2) 个性化,根据顾客、市场以及问题特征提供个性化服务;

(3) 交互性,在整个服务过程中顾客全程参与,服务人员与客户在此过程中有大量互动。

景德镇陶瓷产业的创新发展是由科研单位、陶瓷企业、教育培训单位、中介机构等各类主体及其互相作用推动的。

二、景德镇陶瓷产业创新发展的形成机理

1. 创新发展的结构

景德镇陶瓷产业的创新发展实际上就是由诸多院校、企业、科研单位、中介机构等主体及其复杂关联构建而成的流量经济系统。这一系统有非均衡、开放、非线性涨落等特点。从经济网络层面分析,根据不同主体活动之间关系和重要程度,可将创新发展的结构划分为三个层次:第一是创新发展中企业和关系链网内其他企业和竞争机构的沟通、合作;第二是创新发展中企业、科研单位、中介机构、教育培训单位间信息、知识和资源的流动传播;第三是政府单位对构成创新发展中主体的控制、引导以及创新发展中主体和外界的互动与沟通。

第一层网络的行为主体之间的作用力多来自企业之间的关联与互动,因为不同企业间的互相作用是创新发展网络内最为关键的活动,是构成创新发展的关键核心,也就是"核心层"。

第二层网络的行为主体主要包含了中介机构、科研单位、教育培训机构。上述主体并非创新发展网络内直接生产主体,而只是为核心网络企业提供人力、技

术、资金、培训和咨询等多种服务,促使信息、知识与资源等从本层流入前一层。所以本层网络被称作"辅助层"。

第三层网络的作用机制为前述两层中不同政府单位、机构、部门和系统内外环境间的互动。其中外在环境主要有创新发展之外的社会、政治、文化、市场等。同系统内部主体间互动作用一样,构成核心网络的企业和外部网络间信息、知识以及资源传递也是创新形成与发展的重要影响因素。

2. 创新发展的形成特征

景德镇陶瓷产业创新发展的构成要素可以划分成下述三种类型:第一类为企业,包含竞争、互补企业以及供应链内其他企业;第二类为中介机构;第三类为公共服务机构,包含科研、培训和教育机构。文化服务业创新发展构成主体之间作用的实质也就是经济网络构建和基于此形成的诸多要素的流转变化。不同要素的流转是构建创新发展的结构并使其逐步演化、发展的要件,要素流的类别、内容主要包括人、物、技术、信息以及资金流等。

经济流相互交汇融合时将逐步形成经济流主界面,假若其中有能彼此共同分享的边际效益,经整合、交汇、融合,相应行业将产生新的商机,并产生有助于其发展的空间。譬如,在商品和人力流这一界面上,就有人员消费和商品、资金供应以及资金流动需求。如果人流强大,也就是说人气充分时,商品流将产生有助于行业发展的市场机挥,零售业将因此有效发展。事实上,某一经济流的界面如果存在共享边际效益,就能够成为促进景德镇陶瓷产业发展的条件,并逐步构建文化服务业集聚。

事实上,文化服务业集聚也就是不同经济流的交汇,界面整合、融合不仅能在两类经济流界面,还可能在三个甚至更多经济流界面进行。譬如在人、资金、信息三种不同经济流的界面中,就能够整合形成包括企业总部在内的高层服务组织。所以,文化服务业集聚不仅能够拥有主要业态为文化服务业的行业属性;同时,各企业还会由于属性、规模差别而呈现多种业态。景德镇陶瓷产业创新发展的形成还具有如下特征:第一,"信息"是其中最活跃的要素,从地理层面分析,构成创新发展的企业之间存在接近性,另外,构建的相关社会网络关系将促使信息迅速流动;第二,系统内的主要产品是"服务","物流"较少;第三,公共服务机构为输出"人流"的主体,为内外企业持续供应人力;第四,"资金流"多数在主导创新发展的企业和系统之外的客商间流动,系统通过服务输出换取资金;第五,"技术流"体现在下述两方面,创新发展内企业技术创新或技术引进,以及内部科研、教育单位和企业联合进行的能够促使技术转移、扩散的产学研工作。

三、景德镇陶瓷产业创新发展的效应分析

1. 效应之一：促进制造业升级的内在机制

景德镇陶瓷产业创新发展主要借助于以下三种效应促进制造业升级：本地市场或市场接近效应、价格指数或生活成本效应、本地竞争或市场拥挤效应。

第一，本地市场效应能够推动制造业逐步发展升级。

景德镇陶瓷产业内含多种高端要素，而此类行业的集聚将促使熟练技工、高新科技等资源汇集集聚区域；并且，本行业内各企业共享区域内有比较完善的市场网络、基础设备设施、大量要素资源、发达资源流动等，有助于文化服务企业生产成本的缩减控制，给集聚提供显著规模经济效应。就制造业发展升级来说，景德镇陶瓷产业集聚能够提供较为充分的高端要素，促进本行业的专业化程度的提高、核心竞争力的塑造和维持以及学习效应的强化，从而推动制造业发展升级。

第二，价格指数效应将推动制造业升级。

价格指数效应是新经济地理学概念，指的是企业区位分布对于所在地区消费者生活成本的影响。因为企业聚集区内产出的商品类型很多，而从外地获取的商品类型少、规模小、运输成本高，所以地区商品定价低，消费者生活成本较低。在区内与区外的名义收入相同的条件下，区内实际收入高。因为景德镇陶瓷产业企业在本地大量创新发展，所以本区域内将有更多"价廉质美"的服务、商品，消费者获得高质量服务和产品的成本降低，职员尤其是高端人才更愿意留在本地服务本地企业，对制造业企业发展起到推动作用。

第三，市场拥挤效应将推动制造业升级。

景德镇陶瓷产业企业大量汇聚于某地将使企业生产要素尤其是高端生产要素、资源的竞争进一步被激化，也就是说本地制造业市场、资本、熟练技工等资源的竞争会进一步被激化，导致文化服务企业承受较高压力，并且企业创新发展水平越高，区域内汇聚的企业越多，竞争也就越激烈，文化服务企业为了避免遭到淘汰，就必须持续创新。如此一来，也就必然使文化服务企业持续创新，设法增强竞争力。文化服务产品是制造业生产过程中必须投入的产品，相应企业竞争效应必然有益于企业发展升级。作用机制有以下两点：

其一，这一竞争将致使制造企业将无价值或价值较低的服务外包的成本下降，因此会使制造企业更倾向于把无价值或价值较低的非核心业务外包给对应企业，将更多精力投入到核心业务和优势业务中，设法增强自身核心业务技术、知识含量，增强核心竞争力，帮助价值链内的制造企业得到更多利润，并随之升级。其二是企业竞争能够强化制造业产品的异质性，增强本行业内商品的竞争力。文化

服务行业内企业想要争取更多市场,就必须提高服务品质,提高生产的专业化水平,提高商品的异质性,赋予所制造产品更高的附加价值,为企业创造更多利润,增强企业竞争力。

2. 效应之二:提高景德镇陶瓷产业竞争力

景德镇陶瓷产业本身具备极强外溢效应,有促进制造业和文化服务业发展升级的能力。空间层面上生产性文化服务业高度聚集可以提高产业效率,提高文化服务业专业化程度,同时还能够降低中介交易和服务成本。如果景德镇陶瓷产业在某个地区创新发展程度较高,也就说明在此区域内已经汇聚了许多文化服务要素,必然有益于价值链内景德镇陶瓷产业作用的发挥和产业综合实力的提高。在诸多可能对景德镇陶瓷产业控制力造成影响的要素中,景德镇陶瓷产业创新发展是最能大幅增强产业控制力的。文化服务资源在某一空间内大量创新发展必然会促进本地区经济体高端资源更快更好地增长,这也就是空间因素对高端资源在某个空间内的分布情况造成影响,继而对经济增长"非中性"作用造成影响的体现。本书中高端资源也就是景德镇陶瓷产业的产出,因此,景德镇陶瓷产业创新发展对景德镇陶瓷产业的发展、增长有较大促进作用,必然能够增强行业竞争力。

所以,景德镇陶瓷产业创新发展对景德镇陶瓷产业的整体实力和竞争力发展有较好的促进作用,也是国内产业在更快、更有效地调整产业结构和经济转型过程中必须研究的重大课题。现有研究表明,景德镇陶瓷产业发展通常会在特定空间范围内相互作用,譬如服务资源、知识等会快速流动、扩散,也就是说从空间层面分析,景德镇陶瓷产业竞争力也会互相影响作用,此空间效应即为空间自相关性。

就目前的实际情况而言,景德镇陶瓷产业竞争力存在显著的两极分化特点,整体呈现出低端创新发展状态。国内景德镇陶瓷产业以及相应产业在时间和空间层面创新发展水平的提高能够明显增强行业竞争力,还能够进一步增强时间层面上产业的聚集水平,说明了景德镇陶瓷产业创新发展具有促进行业升级的作用。智力支持能显著增强景德镇陶瓷产业和相应分产业的竞争力,同时在地区维度层面,也表现出了显著的促进作用。在空间层面上,外资的引入也对于景德镇陶瓷产业的整体实力和竞争力有较大促进作用。另外,国内城镇化率逐步提升,有效促进了景德镇陶瓷产业、金融文化服务业、信息文化服务业以及研发文化服务业等多个产业竞争力,不过并不能显著提高商务文化服务业竞争力。区域信息化的推进和强化能够从时间和空间两个层面有效推动景德镇陶瓷产业和相应分产业综合实力、竞争力的提高,并且在时间层面的提高速度和程度都优于空间层面的提高速度和程度。

第三节　景德镇陶瓷产业创新发展策略分析

一、完善地方政府在景德镇陶瓷产业中的职能

（一）地方政府在景德镇陶瓷产业中的职能定位

1. 规划职能

文化服务行业不仅体量巨大，而且层次较多，覆盖广泛，内部差距极大，从事此行业的企业多数规模不大。但相关政策波动快而且变化大，这与政治、经济、法律以及技术都有密切关系，各方面都存在诸多问题。对于陶瓷产业发展来说，整体规划是龙头，也是政府对经济体系进行管理、调节的关键手段，地方政府综合管理部门应针对景德镇陶瓷产业的全局和相关特定产业做好规划。

2. 政策法规职能

伴随社会主义市场经济体制的逐步构建和进一步完善，地方政府针对景德镇陶瓷产业实施的诸项管理多通过法律、经济等方面重要手段展开。为了使景德镇陶瓷产业能够实现跨越式发展，同时为服务的企业创设良好营运管理环境，就必须构建起能够推动景德镇陶瓷产业在本区域发展的较为完善的法规政策。譬如，针对本区域的税收、财政、物价以及信贷等制定各项政策，同时针对此行业制定准入程序和制度；研究有助于景德镇陶瓷产业发展的规章同时将其逐渐法制化；针对本行业的定价、服务标准、产权、监管、纠纷仲裁以及职业道德等制定合理、明确的规定和法制；采取多种措施，加速行业对外合作等。

3. 协调职能

景德镇陶瓷产业与地方经济的各个方面都有紧密关系，但是多部门管理机制对此产业的突破和跨越发展造成了一定阻碍。为避免因重复建设而导致资源浪费，政府还要强化综合协调和服务职能，有效清除产业发展的诸多障碍，弱化不同部门间的壁垒以及强化具体管控责任，突破现有的问题，在管理方面逐步实现一体化。政府内不同部门应该紧密联合，对审批项目、工商登记、征用土地以及相关税收等各项事务展开分析协调。政府还应构建适于社会主义市场经济体制的审批制度，尽量简化审批过程和手续，构建快捷、简明、高效的流程。如果各方面利益出现冲突，则政府单位应该主动参与、介入，强化引导和协调工作，促使景德镇陶瓷产业长期有效发展。

4. 投资职能

景德镇陶瓷产业的主要发展基础是陶瓷文化资源配置,因此还需发扬地方政府对投资行为的引导效力,对此产业发展过程中存在的诸多薄弱环节,以及新兴陶瓷产业和关键领域进行有效控制。如果政府投资科学合理,就能够发挥较大杠杆作用。地方政府必须采用财政手段支持行业发展,发挥不同级别服务业对于资金的引导作用,运用税收或者信贷手段,对陶瓷企业或者其他有条件的个体进行引导鼓励,促使其参与景德镇陶瓷产业建设过程。

5. 检查监督服务职能

构建完整的规则体系、实现政府管理的服务转型是政府职能改革的重要内容。政府必须针对行业构建完善的质量检测、管理、信息管理标准和体系,服务公众和广大企业。地方政府应该根据特定标准检查监督陶瓷企业及其提供的各项产品和服务,同时加强执法,对不符合标准要求的企业提出限期整改的要求,给消费者利益提供有力保障。同时还需强化信息体系建设,在搭建政府网站过程中要围绕企业关注的定价、供需、技术信息、中外市场、企业和区域合作、政策法规以及电子商务等展开管理服务、制定决策并将相关信息公开,还要提高决策制定和执行的透明度,以便更好地满足景德镇陶瓷产业的整体发展需要。

(二)完善地方政府在景德镇陶瓷产业中职能

1. 按照市场规律,制定景德镇陶瓷产业发展规划

地方政府在针对景德镇陶瓷产业的未来发展制定规划,明确着力发展的关键领域过程中,应遵从服务业发展、市场规律的变化趋势,尊重多种利益主体需求。政府要改变设定的定位,从行业经营主体视角出发,对规划是否可靠、科学进行审查,对调节手段是否可行、可操作进行检验,对经营主体是否能够遵从产业规划和制定的政策开展业务并实现发展进行调研。此外,政府在进行规划过程中要根据实际情况,因地制宜,基于区域特色开展各项工作。

2. 为景德镇陶瓷产业发展提供良好的环境

政府行政单位要积极推动各项改革,打破条块分割、部门分割、资源分割,逐渐建立起适应景德镇陶瓷产业发展的一体化管理机制,并逐步向更加符合市场规律的运行机制和管理体制转化。政府要加快职能的转变,由指挥型、审批型向指导型、服务型转变。政府应加强服务基础设施的建设;增加对人力资本和科技的投入,提高劳动力素质和科技水平;完善服务业的法律、法规,创造公平竞争的市场环境;完善社会保障体系;向社会提供信息服务等,为景德镇陶瓷产业发展创造

良好的环境。

3. 积极加强技术创新、科技成果转化和人才培养

在景德镇陶瓷产业的发展过程中,政府应鼓励业内企业运用信息科技,将网络以及信息科技导入管理体系;着力发展电商业务,构建广泛覆盖面,获取具有突出实用性的市场信息科技;针对此产业逐渐构建基础革新体系,开展核心技术工程,加速技术变革和发展。政府应该针对科技成果应用和交易的市场加大投入,为从事景德镇陶瓷产业的各类人员、经营主体交易成果提供平台;帮助相关经营主体、高校、科研机构建立起联系。针对行业需求提供所需人才,拓宽培养人才的形式、方法和获取人才的途径。帮助高校以及职校针对市场需求对专业进行更大调整,对其建设投入更多资源,有计划地设置产业所需专业;强化职业培训;推行职业认证制度体系。

4. 积极推进行业协会的发展

部分政府职责,如管理企业、监督企业以及为企业提供服务等会逐渐转移给行业协会。地方政府应该对现代服务企业加大引导,促使其基于自愿组建行业协会,在准入标准、信息咨询、经营规范、业务执行标准、定价调整、利益纠纷调整、业内损害调查等方面发挥重要自律效力,以此保障、维护业内企业应该享有的各项权益。并且还需逐步培育律师、会计、审计、策划以及咨询等人才,鼓励相关陶瓷文化服务企业强强联合,扩张规模,增强实力,设法满足陶瓷产业以及社会各项服务需要。加强中介、政府、行业协会以及业内企业的联系沟通和服务行业内不同行业之间的配合协调。

5. 加强对景德镇陶瓷产业的统计和监测工作

景德镇陶瓷产业体量大,内容层次多,十分复杂。当前,统计方面存在覆盖不全,调查统计方法不合理、不科学,指标设定不够系统化、不具备突出可比性,体制没有较强协调性等诸多问题。地方政府应为景德镇陶瓷产业的统计工作设定更加科学的项目,完善内容,改善方法,逐步改进统计报告制度,力求及时、准确、客观地体现本产业的发展状况。

二、加强景德镇陶瓷产业体系创新

(一)推进国有资本的置换和民营资本进入产业

景德镇陶瓷产业的部分分支具有垄断性,过去行业资本都是国有资本,鲜少

有民营资本。这一垄断局面不但会对客户利益造成损害,同时还会对产业整体服务品质的提升造成影响,甚至进一步影响社会公平。所以必须破除垄断,推动上述垄断行业的革新。而具体思路是将此类业务"一分为二"。

1. 将市场竞争导入垄断业务

未来政府可以根据市场化发展趋势,对此类垄断产业的"自然垄断"业务进行变革,导入非公有资本(以参股形式)。如此一来,就能够破除国有资本独大的情况,构建多元投资、多元产权主体的新局面。

2. 允许非公有资本自然进入"非自然垄断"业务

非公有资本自然进入"非自然垄断"业务的形式可以有参股、合资、独资、控股或者项目融资等。从国企改革的视角展开研究可知,后续政府应进一步深化此领域内国企的产权制度变革,对此领域内的国有资本进行适度调整。如果要推动整个行业内部产权制度的革新,就要在更高层次内深化改革。

(二)加快景德镇陶瓷产业融入全球化进程

在全球经济一体化发展的过程中,产品和服务在全球领域的流动进一步加速。当发达国家服务业逐步转移到国内,陶瓷文化服务业必然能够突破当前的发展格局,陶瓷文化服务业应在世界范围内挑选合适的服务商,为国外投资商创造更大投资空间。

地方政府要利用经济和法律手段,对宏观的外贸进行管理和控制。主要举措有:构建完备的解决对外贸易问题的法规法律体系;顺应金融、财税体制运行提出的各项要求,对外贸信贷、风险管理制度体系等进行完善;从行政角度切入,完善外贸管理,根据公正、公开以及效益的基本准则,实行配额拍卖、招标,提高分配的规范化水平;对许可证的管理制度进行完善,构建更加完善的监督和检查机制;制定加速陶瓷外贸企业转换经营的制度,在外贸领域逐渐完善现代管理科学制度;逐步推进技贸、工贸的融合,促使经营更加开放,拓展不同类型陶瓷企业联合参加外贸的大格局;逐步完善以陶瓷进出口商会为核心的外贸服务协调机制,加强业内外贸企业的自我约束,强化社会层面对企业宏观管理和运营的监督;保证对外贸政策、法规能够统一执行,提高透明度;逐步完善涉外体制,促使景德镇陶瓷产业逐步投入全球陶瓷产业经济体系的竞争和合作中,逐步得到更广阔的空间,更充分的发展。

第四节　技术创新促进景德镇陶瓷产业发展策略研究

一、景德镇陶瓷产业的新常态

当前社会经济发展进入新常态阶段之后,景德镇陶瓷产业在发展的过程中也同样迎来了新的改变。从本质上来说,这一产业实际上是一种以传统陶瓷文化传承为核心内容、以产品和理念的创新为根本方向的新产业。其所具有的文化和创意两大特征是景德镇传统陶瓷产业在当前社会环境下进一步发展的根本所在。纵观景德镇陶瓷产业的发展历史可以看到,技术和文化始终是其发展过程中相生相伴的两个关键因素,并且该产业目前实际上已经具备了文化创意产业发展所必需的要素。不过我们也同样应认识到,当前社会经济发展进入转型期之后,积极地推动景德镇陶瓷产业势在必行,也是提振本地经济的必然选择。

我们可以用三大基础和两大趋势来概括景德镇陶瓷产业产生改变的原因。其中,三大基础是指文化消费需求基础、陶瓷创意人才培养基础以及陶瓷技术发展基础;而两大趋势则是指全球化发展趋势以及景德镇城市经济转型趋势。

当前社会经济快速发展的大环境下,经济全球化、文化全球化在客观上推动了各个行业的发展和融合。而景德镇陶瓷产业之所以能够得到快速发展,和其所坚持的"匠从八方来,器成天下走"的精神密不可分。而景德镇当前积极发展景德镇陶瓷产业,也同样必将受益于全球化的发展。一方面,将不同国家、地区的文化去粗取精、去伪存真,可以为当地传统陶瓷产业在新的经济环境下进一步发展打下坚实的适应外部环境的基础。而另一方面,经济全球化所带来的激烈市场竞争,在客观上要景德镇陶瓷创意产业必须保持不断的技术创新,避免被市场同行所模仿、赶超。

景德镇在过去数千年发展的过程中,始终以陶瓷这一单一产业为支撑,但是我们必须认识到,景德镇是典型的资源枯竭型城市,其瓷土资源的枯竭所带来的一系列负面影响要求其必须在短时间内完成城市转型。实际上,当地传统陶瓷产业的逐步衰落已经成为不可避免的现实,整体市场竞争力的不断衰落值得我们警惕。因此,产业转型已经成为我们的必然选择,而景德镇陶瓷产业在这样的大背景下得到社会各界的广泛关注和大力支持也就不难理解了。

除此之外,三大基础也同样是我们在研究过程中必须重点关注的问题。景德镇陶瓷本身在具有一定的实用价值的同时,还具有观赏价值,这才是其消费的根本需求所在。文化消费为创意产业的发展提供了坚实的需求基础。相对于传统的普通物质消费来说,这里我们所强调的文化消费有着自身鲜明的特点,这也决定了消费者自身文化素养是决定市场消费情况的根本因素。从本质上来说,文化消费实际上是一种对创意的再生产过程,而现代人类生活方式的转变中最为核心的特征就是文化消费所占的比例大幅度提升。与此同时,作为最为典型的更高层次消费,生产力提升、经济发展是文化消费的必然物质基础。而这种物质基础在陶瓷领域中也须存在。

创意思维需要有陶瓷和相关技术提供手段上的支持、设备上的支持以及市场的支持。在当前技术飞速发展的过程中,千百年来形成的景德镇陶瓷文化,为景德镇陶瓷上升到艺术层面奠定了坚实的基础。当前,资本主宰一切的时代已经过去,创意成为市场新的主宰。而不断涌现出来的陶瓷创意人才,无疑为景德镇陶瓷产业的迅猛发展提供了极大的支持。相对于传统意义上的人力资本来说,创意人才无论是在特征还是在管理上都有着自身不容忽视的一系列特征。实际上,景德镇陶瓷技术的成熟、文化环境的包容,以及创意人才的大量涌现,为产业的发展提供了前所未有的巨大支持,其所具有的重要意义值得我们给予应有的关注和重视。

二、景德镇陶瓷产业的新发展

虽然相对于世界其他国家来说,景德镇陶瓷产业的起步相对较晚,发展水平也相对滞后,但是整体发展速度却异常迅猛。这与法蓝瓷等创意企业落户于景德镇、为当地带来创新思维有关,同时也是景德镇长期致力于陶瓷技术创新的必然结果。

企业始终是技术创新的主体,因此在陶瓷文化产业的技术创新过程中,不仅要将科研机构、高等院校的作用充分发挥出来,而且还要对企业在技术创新方面的贡献给予充分的肯定。根据我们所掌握的统计资料显示,目前景德镇陶瓷文化创意企业超过三千家。虽然大型企业在技术创新上具有人力资源优势、资本优势,但是小型企业所具有的机制灵活、市场敏感等特点,也为其在创意产品的生产和研发方面抢占先机提供了极大的支持。虽然当前阶段景德镇陶瓷企业在规模上相对较小,但是快速增长的企业数量,充分证明了整个产业的蓬勃活力。而景德镇陶瓷产业在本地陶瓷企业数量和质量不断提升的过程中,必将迎来发展的春天。

景德镇陶瓷产业的发展为技术的创新、成熟提供了强有力的支持,而陶瓷技术创新也同样为整个产业的进一步发展夯实了必要的技术基础。研发投入和市场成果,是景德镇陶瓷产业技术创新情况的直接反映。相对于其他陶瓷产区来说,陶瓷产业技术创新在景德镇有利有弊。在研发费用和专利方面,这里无论是研发费用投入还是专利数量都保持了高速的增长,而这充分地证明了景德镇陶瓷产业技术创新意识正处于不断加强的过程之中。但是在专利的绝对数量和研发经费投入数额上,景德镇和佛山、潮州等产区仍然有一定的差距。不过我们必须认识到,在研发费用在总成本中所占比例方面,景德镇有自身的优势。同时,当前景德镇陶瓷产业的整体发展态势良好,由技术创新而带来的发展成果已经充分地展现在了我们面前,这种情况的客观存在,证明该产业的发展和技术创新之间保持了较高的一致性。

三、景德镇陶瓷产业的新特征

首先,协作和分工更为明显。景德镇陶瓷产业在产业价值链上的分工和协作非常明显,各个环节、各个阶段之间的合作都非常明显。而上述情况的客观存在,极大地提升了整体生产效率。

其次,地域高度集中。当前景德镇陶瓷产业区已经成为景德镇陶瓷产业发展的主要聚集区,这不仅极大地降低了交易费用,同时对于运输费用的节省也有一定的积极意义。产业区所形成的规模效应、集聚效应和外部化效益,极大地推动了景德镇陶瓷产业的发展。

再次,市场日趋白热化。如上文中所介绍的,在当前阶段景德镇陶瓷产业发展的过程中,主要是以小型企业为主,产品和服务的同质化问题较为严重。这一方面在客观上促使相关企业不断改进技术和服务;另一方面也使市场竞争日趋白热化。

最后,陶瓷文化与创意有根植性特征。社会结构对市场主体的经济行为有着根本性的影响。而作为景德镇陶瓷产业最核心也最本质的特征,陶瓷文化和创意所具有的重要意义是不言而喻的。而我们必须清醒地认识到,创意的出现,无疑需要以良好的文化和技术为依托。无论是创意的产生还是创意产品的设计,都需要技术和文化的不断突破。

四、技术创新促进景德镇陶瓷产业发展的策略

1. 推动陶瓷文化创意产品多样化,引导理性消费行为

当前阶段景德镇陶瓷产业在市场消费方面表现并不理想,尤其是非理性消费

的大量存在直接地影响了产业的整体发展。例如,虽然陶瓷旅游消费已经如火如荼地开展了起来,但是景德镇陶瓷产业旅游消费特征不突出、景区品牌力量薄弱、缺乏必要的市场影响力是不争的事实。

上述情况的客观存在,说明当前阶段该领域的市场消费具有非常显著的盲目性,和国外成熟市场的消费情况有巨大的差异。而这种情况的客观存在,不仅直接导致了景德镇陶瓷文化创意企业之间盲目竞争、技术创新不足,而且也直接导致了创意雷同问题的出现。针对这一问题,我们不仅要进一步规范市场秩序,还需要采取一系列行之有效的措施激励企业在创新方面做出更为积极的努力,并通过多方主体的共同努力,积极主动地引导消费者理性消费,以此为基础为消费水平和消费质量的进一步提升提供必要的帮助和支持,保障景德镇陶瓷产业的有序、稳定发展。

2. 创建陶瓷技术创新服务平台

分析产业价值链是评估产业核心竞争力的主要方法,是系统研究产业竞争优势的办法,不同的价值活动构成具体的产业价值链,产业价值链是能够为企业提供经济效益的结合体,其功能反映在产品的生产销售环节中,特别是反映在技术创新的环节中。由于景德镇陶瓷文化产业的规模不大,科研实力不强,科研院所很多但是和市场脱节,不能满足企业和产业发展的实用和应用技术需要,也不能够了解产业技术发展的方向,所以创建技术创新服务的平台是完善产业价值链的关键所在。

这个平台以骨干企业和科研单位为主体,以项目为纽带进行运作。选择这个模式就要克服这个模式的短期存在的问题。因为合作是建立在具体项目的前提下,这就是一种虚拟联盟,如果具体合作项目结束的话合作就会停止。一般情况下,陶瓷技术服务平台是因景德镇创意产品制作和推广的价值活动相互联系的企业和组织构成的总和。若自由和高信誉的发展能促进多样化的利益关系出现,景德镇的陶瓷文化资源就比较容易实现价值。否则如果没有团队合作意识,平台建设出现问题,景德镇的陶瓷创意资源价值实现道路就会受到影响。相互联系的企业之间通过接触会共享更多的信息,陶瓷技术创新服务平台应建立相互信任和相互联系的关系,这样不仅能促进交易成本的下降而且能促进企业的创新活力的提升。

改变传统价值链的直线思维和程序化的运作方法,根据消费者的需要建立新的产业价值链,能促进产业价值链的环节的优化、强化创新平台的节点联系、改变价值链每个环节的边界、促进景德镇陶瓷产业价值提升、促进价值链有效重构并实现目标。

3. 实现技术和艺术的共生融合

技术发展的过程有自己的逻辑路线，艺术就是人们艺术修养的反映，这两者都具备多样化的特点，都会因为社会、经济以及文化的发展不断地变化。良好的陶瓷文化产品，是技术和艺术共同结合的反应。潮州陶瓷因为烧成温度不高，所以会容易褪色，这就表明收藏价值不能和真正的文化传承相比。某些艺术工作者在进行创作的过程中因为对陶瓷技术的掌握力度不够，艺术创造力不能得到体现；景德镇某些工匠因为绘画艺术不够，不能够将陶瓷艺术体现出来。另外，造型、工艺以及装饰艺术的发展，都需要玻璃材料及其技术创新。

技术与艺术的融合是比较微妙的存在，因为时代在飞速地发展，消费者的审美理念也在不断变革，只有充分地了解陶瓷技术的特点，使艺术家的创作手段得到丰富，才能够更好地释放灵魂，才能为社会贡献具备时代特点的陶瓷文化创意产品。

参 考 文 献

[1] 西沐.中国艺术品资本市场概论[M].北京:中国书店出版社,2010.
[2] 胡娟.景德镇陶瓷文化遗产的保护和传承——基于文化创意产业的视角[J].中国陶瓷,2012(10):34-36,61.
[3] 张变玲.景德镇瓷器艺术的历史变迁[J].兰台世界,2012(7):85-86.
[4] 刘友金,赵瑞霞,胡黎明.创意产业组织模式研究——基于创意价值链的视角[J].中国工业经济,2009(12):46-55.
[5] 王玉梅.基于价值链的创意产业赢利模式研究[J].经济管理,2006(17):38-40.
[6] 贾云.虚拟企业的竞争优势探究——对价值链理论的再思考[J].科技管理研究,2005(3):52-55.
[7] 张燕.产业组织变迁的演化研究[D].西安:西北大学,2006.
[8] 陆瑾.产业组织演化研究[D].上海:复旦大学,2005.
[9] 张望.中国文化创意产业发展模式研究[D].南京:南京大学商学院,2011.
[10] 周宇.文化创意产业发展与产业结构调整的关系分析[J].经济问题,2012(10):55-57,63.
[11] 孙洁.文化创意产业的空间集聚促进城市转型[J].社会科学,2012(7):49-56.
[12] 胡晓梅.欧美创意产业园区发展模式一瞥[N].中国文化报,2012-09-15(5).
[13] 厉无畏.文化创意产业集聚区发展的3.0理论模型与能级提升——以上海文化创意产业集聚区为例[J].社会科学,2012(7):31-39.
[14] 史伟,蔡慧芝.产业集聚的知识溢出对企业创新的影响[J].山西师大学报(社会科学版),2018(4):47-53.
[15] 马丁,崔晓亚.新能源产业集聚与区域知识承载力耦合研究[J].管理现代化,2017(4):88-91.
[16] 张洁瑶.创意产业集聚的知识网络运行路径及其优化[J].统计与决策,2017(5):46-50.
[17] 李建玲,刘伊生,马欣.共性技术联盟的利益分配研究[J].中国科技论坛,2013(7):51-57.

[18] 王一刚,姜振寰.高新技术产业技术联盟有效运行的策略选择[J].学术交流,2013(7):102-105.

[19] 蔡继荣.联盟伙伴特征、可置信承诺与战略联盟的稳定性[J].科学学与科学技术管理,2012(7):133-142.

[20] 王舜淋,张向前.基于复杂系统理论的知识型人才流动与产业集群发展动力机制研究[J].科技管理研究,2017(24):186-192.

[21] 张怀文.低碳经济背景下新能源产业集群动力机制和演化路径分析[J].工业技术经济,2016(9):155-160.

[22] 朱海霞,权东计.大遗址文化产业集群优化发展的动力因素与政府管理机制设计的建议[J].中国软科学,2015(6):103-115.

[23] 刘洪伟,陈银,李骏.产业集聚、知识溢出与技术学习成本间关系的实证研究[J].技术经济,2016(10):1-5,14.

[24] 陶爱萍,李青钊.产业集聚与知识溢出的交互作用:基于联立方程的实证检验[J].华东经济管理,2016(3):77-82.

[25] 王明贤,刘师典,白誉苏.基于知识外部性视角的创意产业集聚协同创新动因研究[J].知识经济,2020(18):76-77.

[26] 王叶军,母爱英.产业协同集聚对城市科技创新的提升效应——基于多维度的实证研究[J].河北经贸大学学报,2020(5):78-86.

[27] 江瑶,陈旭,高长春.产业协同对制造业技术创新的影响研究[J].技术经济与管理研究,2020(8):9-13.

[28] 汤长安,张丽家.产业协同集聚的区域技术创新效应研究——以制造业与生产性服务业为例[J].湖南师范大学社会科学学报,2020(3):140-148.

[29] 张惠琴.区域传统优势产业与战略性新兴产业协同融合发展探讨[J].产业创新研究,2020(10):26-28.

[30] 刘世豪.要素流动对长三角地区产业协同集聚的影响研究[J].科技和产业,2020(4):98-102.

[31] 张治栋,陈竞.环境规制、产业集聚与绿色经济发展[J].统计与决策,2020(15):114-118.

[32] 张俊.文化产业集聚发展的特点及对策[J].文化产业,2020(1):108-109.

[33] 刘雪芬.文化产业集聚测度及反射效应研究[J].产业与科技论坛,2018(18):89-91.

[34] 刘振卫.中美两国文化产业集聚与溢出效应检验[J].统计与决策,2018(19):154-157.

[35] 陈登源.文化产业集聚的空间布局研究——以福州市为例[J].长春工程学

院学报(社会科学版),2020(1):20-23.

[36] 王晗.文化产业集聚:评价、效应与政策——以辽宁省为例[J].经济与管理,2016(4):36-41.

[37] 李遒.中国高技术产业创新能力对产业结构优化升级的影响研究[D].南京:南京航空航天大学,2010.

[38] 梁炜,任保平.中国经济发展阶段的评价及现阶段的特征分析[J].数量经济技术经济研究,2009(4):3-18,44.

[39] 张治河,丁华,孙丽杰,等.创新型城市与产业创新系统[J].科学学与科学技术管理,2006(12):150-155.

[40] 郭金花,郭淑芬.文化产业融合创新能力评价指标体系构建与测评[J].统计与决策,2019(12):62-65.

[41] 陈晓,张壮壮,李美玲.环境规制、产业结构变迁与技术创新能力[J].系统工程,2019(3):59-68.

[42] 黄天蔚,刘容志.长江经济带文化创意产业园创新能力评价研究[J].科研管理,2016(S1):482-488.

[43] 陈晓,张壮壮,李美玲.环境规制、产业结构变迁与技术创新能力[J].系统工程,2019(3):59-68.

[44] 金成.战略性新兴产业技术创新能力的计量分析[J].统计与决策,2019(5):110-113.

[45] 张铁男.基于进化理论的适应性企业战略研究[D].哈尔滨:哈尔滨工程大学,2005.

[46] 王莹,于清华.器物文化精神之于陶瓷产品设计研发[J].中国陶瓷,2009,45(11):78-79,39.

[47] 刘建波.基于自组织理论的企业进化机制研究[D].哈尔滨:哈尔滨工程大学,2005.

[48] 童纪新,程书萍.基于绩效的企业研发文化建设[J].科技进步与对策,2004(12):96-97.

[49] 周勃.企业螺旋型知识创新模式研究——基于进化生物学启示和标杆案例归纳[D].上海:复旦大学,2005.

[50] 许庆瑞,郑刚,徐操志,等.研究与开发绩效评价在中国:实践与趋势[J].科研管理,2012(1):46-53.

[51] 杨列勋.R&D项目评估研究综述[J].管理工程学报,2012(2):60-65.

[52] 潘博成.博物馆文化创意商品研发模式探析——以台北"故宫博物院"为例[J].文化产业研究,2014(1):164-173.

[53] Bertuglia C S, Lombardo S, Njkamp P. Innovative behaviour in space and time[M]. Berlin:Springer,1997:43-47.

[54] Athreye S S. Competition,rivalry and innovative behaviour[J]. Economics of Innovation and New Technology,2001(1):1-21.

[55] Claver E, Llopis J, Garcia D, et al. Organizational culture for innovation and new technological behavior[J]. The Journal of High Technology Management Research,1998(1):55-68.

[56] 李子和,陈省平,郭汝丽.高新区高新技术群落的优化效应[J].科学学研究,1999(3):80-84.

[57] 黄鲁成.区域技术创新系统研究:生态学的思考[J].科学学研究,2003(2):215-219.

[58] 刘友金.论集群式创新的组织模式[J].中国软科学,2002(2):71-75.

[59] 罗发友,刘友金.技术创新群落形成与演化的行为生态学研究[J].科学学研究,2004(1):99-103.

[60] 傅羿芳,朱斌.高科技产业集群持续创新生态体系研究[J].科学学研究,2004(S1):128-135.

[61] 董雪静,景俊海,王安民.构建多元化网络体系拉动区域经济发展——西安高新区发展战略建议[J].中国科技论坛,2004(3):59-61.

[62] 薛捷,张振刚.科技园区的创新链、价值链及创新支持体系建设[J].科技进步与对策,2007(12):58-61.

[63] 邢颖.武汉科技创新中的政府职能研究[D].武汉:华中科技大学,2007.

[64] 常鹤.产业集群多中心治理研究[D].合肥:安徽农业大学,2008.

[65] 颜永才.产业集群创新生态系统的构建及其治理研究[D].武汉:武汉理工大学,2013.

[66] 李锐,鞠晓峰.产业创新系统的自组织进化机制及动力模型[J].中国软科学,2009(S1):159-163.

[67] 李邃.中国高技术产业创新能力对产业结构优化升级的影响研究[D].南京:南京航空航天大学,2010.

[68] 邓智团.新经济条件下产业网络化发展及其启示[J].上海经济研究,2008(12):63-69.

[69] 孙源.共生视角下产业创新生态系统研究[J].河南师范大学学报(哲学社会科学版),2017(1):127-134.

[70] 刘玉莹.多层次战略性新兴产业创新生态系统模式[J].发展改革理论与实践,2017(7):33-36.

[71] 李其玮,顾新,赵长轶.产业创新生态系统知识优势影响因素:理论框架与实证研究[J].经济问题探索,2017(9):163-174.

[72] 吴绍波,顾新.战略性新兴产业创新生态系统协同创新的治理模式选择研究[J].研究与发展管理,2014(1):13-21.

[73] 曹如中,史健勇,郭华,等.区域创意产业创新生态系统演进研究:动因、模型与功能划分[J].经济地理,2015(2):107-113.

[74] 张运生.高科技产业创新生态系统耦合战略研究[J].中国软科学,2009(1):134-143.

[75] 何向武,周文泳.区域高技术产业创新生态系统协同性分类评价[J].科学学研究,2018(3):541-549.

[76] 张贵,程林林,郎玮.基于突变算法的高技术产业创新生态系统健康性实证研究[J].科技管理研究,2018(3):19-24.

[77] 李其玮,顾新,赵长轶.产业创新生态系统知识优势的演化阶段研究[J].财经问题研究,2018(2):48-53.

[78] 张治河,潘晶晶,李鹏.战略性新兴产业创新能力评价、演化及规律探索[J].科研管理,2015(3):1-12.

[79] 刘继兵,王琪,马环宇.制度环境对战略性新兴产业创新能力的影响[J].科技进步与对策,2015(23):54-61.

[80] 赵志耘,杨朝峰.转型时期中国高技术产业创新能力实证研究[J].中国软科学,2013(1):32-42.

[81] 周明,李宗植.基于产业集聚的高技术产业创新能力研究[J].科研管理,2011(1):15-21,28.

[82] 詹嘉,袁胜根.景德镇市文化产业发展研究[J].景德镇高专学报,2011(1):41-43.

[83] 钟廷勇,国胜铁,杨珂.产业集聚外部性与我国文化产业全要素生产增长率[J].管理世界,2015(7):178-179.

[84] 彭勇平,黄小平.江西文化产业结构与效益研究[J].中国统计,2015(10):23-24.

[85] 胡慧源.江苏文化产业发展评价及其对策[J].科技管理研究,2015(3):67-71.

[86] 梁吉义.区域经济通论[M].北京:科学出版社,2009.

[87] 汪中华,李岩,彭涌,等.产业生态系统管理理论架构研究[J].科技与管理,2011(4):6-10.

[88] 许文来,张建强,赵玉强,等.生态系统原理在产业循环经济中的应用[J].

世界科技研究与发展,2007(1):71-75.

[89] 郭京福,毛海军,王建斌.产业生态系统的特性与实施对策[J].学术交流,2010(9):88-90.

[90] 何继善,戴卫明.产业集群的生态学模型及生态平衡分析[J].北京师范大学学报(社会科学版),2005(1):126-132.

[91] Caniëls M C J, Gehrsitz M H, Semeijn J. Participation of suppliers in greening supply chains: An empirical analysis of German automotive suppliers[J]. Journal of Purchasing & Supply Management, 2013(19): 134-143.

[92] 王世磊,严广乐.绿色供应链中供应商与核心企业的演化博弈模型分析[J].科技与管理 2009(3):59-62.

[93] 颜波,石平.基于超效率DEA模型的绿色供应链环境下供应商评价与选择[J].统计与决策,2013(13):37-40.

[94] 姜跃,韩水华.碳税规制下供应商参与对企业减排决策的影响分析[J].软科学,2016(6):43-48.

[95] 纪雪洪,陈志祥,孙道银.供应商参与、专用性投资与新产品开发绩效关系研究[J].管理评论,2015(3):96-104.

[96] 冯泰文.客户和供应商参与对新产品成功的影响研究[J].中国科技论坛,2014(1):22-27.

[97] 杨洋,耿洁,徐忠建.供应商参与服务创新:员工行为与组织氛围的影响[J].系统工程,2016(8):84-92.

[98] 朱庆华,赵清华.绿色供应链管理及其绩效评价研究述评[J].科研管理,2005(4):93-98.

[99] 曲远方.现代陶瓷材料及技术[M].上海:华东理工大学出版社,2008.

[100] 尹翔硕.国际贸易教程[M].3版.上海:复旦大学出版社,2005.

[101] 龚慧华,方振武.景德镇陶瓷创意文化产业战略的冷思考[J].经济导刊,2012(1):88-89.

[102] 廖乃徵.景德镇陶瓷产品设计管理研究[D].景德镇:景德镇陶瓷学院,2011.

[103] 邓保生.推动陶瓷文化创意产业发展的思考[J].经济研究参考,2012(40):53-58.

[104] 刘友金,赵瑞霞,胡黎明.创意产业组织模式研究——基于创意价值链的视角[J].中国工业经济,2009(12):46-55.

[105] 王玉梅.基于价值链的创意产业赢利模式[J].经济管理,2006(17):38-40.

[106] 闻媛.中国创意产业发展模式研究——基于全球产业价值链的视角[J].财贸研究,2011(6):16-22,31.

[107] 王熙元.创意产业的价值塑造结构研究[J].理论与改革,2015(4):97-101.

[108] 胡彬.创意产业价值创造的内在机理与政策导向[J].中国工业经济,2007(5):22-29.

[109] 申俊毅,张永庆.创意产业价值创造机理及空间发展初探[J].经济与管理,2013(4):75-79,88.

[110] 崔嘉琛,林文进,王帅,等.服务型制造模式下的顾客价值传递机制研究[J].工业工程与管理,2011(4):103-107,112.

[111] 郑文文,陈柳钦.基于双层价值传递结构的创意产业激励策略[J].经济与管理评论,2013(3):48-54.

[112] 唐玉生,曲立中,肖琼芳.产业价值链视角下品牌价值传递机理研究[J].软科学,2014(10):105-110.

[113] 肖岚.创意产业融合成长的动力机制及其自组织创新模式研究[D].上海:东华大学,2012.

[114] 柯颖.基于模块化的产业价值网治理与价值创新[J].软科学,2013(12):76-79.

[115] 王熙元.创意产业价值链模块化组织管理研究[J].理论与改革,2016(2):141-144.

[116] 胡晓娟,黄永春.后发企业进入战略性新兴产业的赶超路径与追赶绩效——价值网络中心性与赶超时机的调节作用[J].科学学与科学技术管理,2016(3):97-105.

[117] 吴晓云,杨岭才.价值网络对知识密集型服务企业商业模式影响的实证研究[J].财经论丛,2015(12):70-76.

[118] 王树祥,张明玉,郭琦.价值网络演变与企业网络结构升级[J].中国工业经济,2014(3):93-106.

[119] 韩晨.面向区域一体化的文化服务业生态系统发展模式研究[D].广州:华南理工大学,2012.

[120] 刘开云.科技服务业研究述评与展望[J].科技进步与对策,2014(12):149-153.

[121] 刁伍钧,扈文秀,张根能.科技服务业研究综述[J].科技管理研究,2012(14):44-47.

[122] 吴远仁,沈利生,李淑燕.高端服务业集聚形成机理空间计量分析[J].商业研究,2015(10):17-23.

[123] 王晖,周勇.知识密集型服务业发展的文化需求拉动研究[J].经济问题探索,2013(11):50-54.

[124] 张伟,林天霞,杨黛.文化创意服务业对广东经济增长的影响——基于2012年投入产出表的分析[J].金融经济,2017(9):26-30.

[125] 王林,顾江.文化产业发展与区域经济增长[J].中南财经政法大学学报,2009(2):84-88,144.

[126] 李一,孙林岩,冯泰文.地理视角下中国生产性服务业发展影响因素研究[J].科技进步与对策,2014(2):51-57.

[127] 王硕,郭晓旭.垂直关联、产业互动与双重集聚效应研究[J].财经科学,2012(9):34-41.

[128] 任英华,王婷婷,熊建练.知识密集型服务业发展的影响因素——基于空间面板数据模型[J].技术经济,2013(3):46-50.

[129] 祁明,赵雪兰.中国科技服务业新型发展模式研究[J].科技管理研究,2012(22):118-121,125.

[130] 马新平.科技服务业产业联盟的发展和对策[J].商业经济评论,2010(7):70-71.

[131] 韩霞.文化服务业开放的政策取向分析[J].国家行政学院学报,2006(6):28-30.

[132] 时乐乐,赵军.环境规制、技术创新与产业结构升级[J].科研管理,2018(1):119-125.

[133] 王志平,余慧婷,卢水平.我国战略性新兴产业发展中技术创新特点及规律[J].改革与战略,2018(2):155-158.

[134] 王蕾.文化创意产业技术创新绩效的实证检验[J].统计与决策,2016(7):108-111.